AI와 음악 교육

AI총서

인공지능 시대입니다. 기계가 인간의 인지를 대신하고, 사물이 인간을 통하지 않고 다른 사물과 직접 커뮤니케이션합니다. 이에 따른 인간 삶과 문명 변화를 정확히 이해·예측·대응하는 것은 이 시대 우리 모두의 과제입니다. AI총서는 인공지능 기술과 환경의 여러 주제를 10가지 키워드로 정리합니다. 관련 개념과 이론, 학계와 산업계의 쟁점, 우리 일상의 변화를 다룹니다. 인간과 기술의 현재, 미래를 세심히 분석합니다.

일러두기

- 인명, 작품명, 저서명, 개념어 등은 한글과 함께 괄호 안에 해당 국가의 원어를 병기했습니다.
- 외래어 표기는 현행 어문규정의 외래어표기법을 따랐습니다.

처음이세요?

전문가세요?

AI와 음악 교육

윤관기

ㅋ

대한민국, 서울, 커뮤니케이션북스, 2025

AI와 음악 교육

지은이 윤관기
펴낸이 박영률

초판 1쇄 펴낸날 2025년 12월 17일

커뮤니케이션북스(주)
출판 등록 2007년 8월 17일 제313-2007-000166호
02880 서울시 성북구 성북로 5-11
전화(02) 7474 001, 팩스(02) 736 5047
commbooks@commbooks.com
www.commbooks.com

ISBN 979-11-430-0267-9 03500

책값은 뒤표지에 표시되어 있습니다.

차례

음악의 시작과 AI

빅뱅을 통한 우주 전체의 역사를 1년으로 요약했을 때 지금까지 인류는 우주 달력의 분침 한 칸도 움직이지 않은 상태다(Sagan, 1977). 오랜 시간을 거쳐 생태계가 확장되고 인류가 출현함으로써 비로소 음악은 모든 문명의 단계마다 우리와 함께해 왔다. 음악은 인간의 다양한 감정이나 사상을 소리로 표현하는 예술로서 우리 사회 전반의 문화적 양상과 변화하는 시대상을 반영해 왔다. 음악을 통해 창의적 표현 욕구를 충족하며, 다른 사람과 소통하고, 그리고 인류의 고유한 문화를 계승 발전시키는 데 이바지해 온 것이다.

음악은 아동의 지적, 도덕적, 신체적 발달에 도움을 주기 때문에 18~19세기 유럽과 미국에서는 보편적 근대 교육의 시작으로 공적인 공간에서 음악 교육의 필요성이 대두되었으며, 1838년 로웰 메이슨(Lowell Mason, 1792~1872)에 의해 첫 번째로 미국 공립학교 교육과정에 음악이 포함되어 거의 200년 동안 학교에서 음악을 가르쳐 왔다(민경훈 외, 2017). 음악 교과는 음악의 당위성을 담아 다양한 활동으로 음악이 가진 아름다움을 경험하고, 인간이 가진 음악성과 창의성을 계발하며, 음악이 지닌 역할과 그 가치에 대한 안목을 키워 우리의 삶 속에서 음악을 즐길 수 있도록 하는 것이다. 그러므로 음악을 교육하는 행위는 아동의 음악적 발달과 정서적 발달뿐만 아니라 심미적 속성을 개발시킴으로써 인간적 가능성을 최대한 균형 있게 개발할 기회와 여건을 마련해 주는 것이다(이홍수, 1990).

한 번 더 성장을 기다리는 음악 교육은 전통적인 교수·학습 형태에서 디지털 미디어와 인공지능이라는 시대의 흐름 앞에 탈피(脫皮)를 준비하고 있다(Heller & Livingston, 1994). 디지털 기술을 이해하고 활용하는 역량이 필수적인 현 상황에서 이 AI 총서가 음악 교과 발전에 첫걸음이 되기를 기대해 본다.

새 술은 새 부대에 담아야 한다

새로운 변화를 꾀할 때 사용하는 격언(格言)으로서 개혁과 변화에 능동적인 대처가 어려운 상황이나 환경을 비유하여 뜻하기도 한다. 즉 오래된 환경은 급변하는 시대 변화를 담을 수 있는 유연함이 부족하다는 것으로 해석된다. 여기서 '새 술'은 인공지능의 도입에 따른 음악 교육의 '변화와 도전'이며, '새 부대'는 학교 교육의 '제도와 체제'로 음악 교육에 종사하고 있는 사람들의 관습과 자세에 대한 개선 의지이기도 하다. 코로나 시대 이전으로 회귀할 수 없는 상황에서 과거의 틀과 생각에 갇힌 음악 교육 영역을 과감히 바꿀 수 있는 새로운 전략이 요구되고 있다.

전통적으로 음악은 스승과 제자 사이의 관계 유지 속에 동양에서는 '구전심수(口傳心授)'로, 그리고 서양에서는 '도제 교육(apprenticeship)'으로 스승이 가진 특별한 지식과 정보를 제한된 제자에게만 직접 가르치는 교육방식을 택해왔다. 특히 서양은 길드 문화가 자리 잡아 유럽의 대도시를 중심으로 번성하였으며, 수공업과 법학을 넘어 미술 분야에도 상당한 영향을 미쳤다. 음악 분야도 마찬가지로 훌륭한 음악가가 되기 위해서는 재능 있는 마에스트로(Maestro)를 찾아 교육을 받아야 했으며, 이는 음악가로서 미래의 성공을 보장받을 수 있다는 믿음으로 자리 잡아 하나의 시스템이 만들어졌다. 재능 있는 학습자들은 음악 교육이 이루어지는 나폴리에 몰리게 되었고, 콘서바토리(Conservatory)라는 기관이 생기면서 오래도록 음악 교육을 받은 선임 학습자들에 의해 다시 어린 학습자들이 교육받는 체계가 마련되었다(Gjerdingen, 2007). 이후 국가적 교육의 형태 발전과 함께 민주주의라는 성숙한 시민 의식 및 올바른 세금을 기반으로 하는 공교육 제도의 발생으로 음악은 모든 학생이 교육받을 수 있게 되었다(이윤미, 2001; 장지현, 2015). 음악 교과가 제도적으로 안착하면서 학생들은 여러 가지 음악 활동을 할 수 있는 포괄적 음악 교육이 자라났으며, 국가 교육과정은 음악 교과 성취 목표와 학습 평가 체제 지침을 담게 되면서 음악 교육의 질적 수준의 향상이 오늘에까지 이르고 있다.

음악 교과는 코로나19를 겪으며 한 차례 내홍을 치렀다. 원격 교육의 확산과 교육 정보 기술(Edu Tech)의 도입은 학교 교육 환경 변화를 디지털 기반으로 급속하게 바꾸었다. 노래를 따라 부르거나, 입으로 불어 악기를 연주하는 활동은 감염 확산의 우려로 비대면으로 전면 전환되었다. 돌아보면 그런 어려움들이 음악 교과의 전통적 교수 · 학습 방법에 변화를 불러왔으며, 현장 교사들로 하여금 온라인 플랫폼에 대한 이해와 새로운 형태의 수업을 대비할 수 있는 발판을 마련하게 해 준 것 같다. 이러한 학습의 변화는 앞으로 음악 교과에 새롭게 등장할 미래 기술을 받아들일 수 있는 역량 함양은 물론, 나아가 인공지능이라는 시대 변화로 확장할 수 있게 해 줄 것이다.

변화하는 사회에서 음악 교육의 역할

학교 교육의 변화에서 크게 주목할 수 있는 영역은 디지털 기술, 모바일 인터넷, 그리고 인공지능의 도입에 따른 기술 변화일 것이다. 그러나 안타깝게도 낙후된 학교 현장을 일컬어 '19세기 교실에서 20세기 교사들이 21세기 아이들을 가르친다(대한민국 교육부, 2021)'라는 표현이 있듯이 시대를 불문하고 획일적 공간에서 가르치는 것을 문제 삼아 왔다. 다행히도 21세기 학교는 공간의 변화, 무선망 구축, 교육기자재 교체, 그리고 교실 속 인공지능 기술 도입 같은 과학기술을 교육에 접목하려는 노력이 이루어지고 있다. 이는 교육의 질을 높이기 위한 최신 교육 환경을 제공하려는 시스템을 빠르게 구축하여 한발 빠르게 미래 교육을 대비하고 있다는 점이다.

사회 변화 속도는 증기와 전기 발달에서 컴퓨터로 대변되는 3차 산업혁명을 지나 지금은 정보혁명이라 할 수 있는 4차 산업혁명 시대를 지나고 있다. 사물인터넷(IoT), 클라우드(Cloud), 빅 데이터(Big data)를 기반으로 하는 인공지능(AI)이 가능해지면서 우리의 일상은 획기적인 변화를 맞이하고 있다. 미래 학자들 중에 버크민스터 풀러(Buckminster Fuller, 1895~1983)가 제시한 '지식 두 배 증가 곡선'에 따르면 100년마다 두 배씩 증가한 곡선은 2030년이 되었을 때 3일에 두 배씩 증가한다고 할 정도이니, 이러한 기술의 발달 전망은 지금과는 전혀 다른 인류가 기대할 수 없는 엄청난 세계의 도래를 예고하고 있는 것이다(박희진, 2019). 다만 미래 교육에 관해 유발 하라리(Yuval Harari, 1976~)는 그의 저서를 통해 사회 변화의 속도가 빨라지고 인간의 기대 수명까지 길어지는 현실을 지적하며, 2050년쯤에는 20세기 전통적 교육 모델의 필요성에 의문을 제기하고 있다. 그 이유는 변화된 사회가 학생들에게 요구하는 역량조차 불분명한 상황에서 무분별하게 투입되는 방대한 정보를 신뢰할 수 없기 때문이다. 현재의 정보를 분석하고 정리해서 미래를 결정할 수 있는 판단을 해야 하지만, 그 변화의 속도가 너무 빠르기 때문에 지금의 교육 모델에 대한 심도 있는 판단이 불가피하다는 우려 속에 보다 면밀한 검토가 필요할 것이다(Harari, 2019).

역사적으로 인간은 노래를 부르고 악기를 연주하며, 음악을 만들고 감상함으로써 아름다움을 경험해 왔다. 이러한 일련의 과정을 통해 음악성을 계발하며 고유한 사고의 기능을 가지고 음악적 아이디어를 창조해 왔던 것처럼, 자기 생각과 느낌을 음악으로 표현할 수 있을 때 비로소 즐거움과 기쁨, 그리고 정서적 안정감과 행복감을 느낄 수 있다. 음악 교육은 개인의 성장 과정 속에 다양한 협력적 경험을 제공해 줌으로써 음악적으로 소통하고 공동체가 갖는 가치관을 이해하며 그 사회의 구성원으로 성장할 수 있게 도움을 준다. 음악 교육은 교과목으로서 가장 오랜 역사를 가졌으며, 시간 예술로서 음악이 가진 삶 속에 존재하는 조화와 질서의 성질을 경험할 수 있는 교과다. 전통을 넘어 미래를 이어가듯 인간은 자신의 존재를 인식하고 누렸듯이 새롭게 변화하는 사회 환경에서 음악이 가진 중요한 내재적 가치와 외재적 가치를 이해하고 인간 삶을 표현할 수 있도록 음악 교과가 그 역할을 준비해야 할 것이다.

이 책의 구성

이 책은 음악 교육의 본질뿐만 아니라, 음악 교과 고유의 활동과 탐구 과정 요소를 기반으로 AI를 소개하고 활용할 수 있도록 내용을 정리하였다. 시대와 교육 환경 변화는 새로운 시각과 관점에 따른 접근의 필요성이 요구되었기에 디지털 매체를 넘어 AI를 음악 수업에서 적용해 볼 수 있는 방법들을 제안하였다. 음악 교육의 본질(1장), 소리에서 음표로, 그리고 AI로(2장), 노래 부르는 AI(3장), 악기 연주하는 AI(4장), 음악 들려주는 AI(5장),

음악 만드는 AI(6장), 음악 사교육과 AI(7장), 음악 교육자로서 AI(8장), 음악 교육과 생성형 AI(9장), 음악 교육에서 AI의 역할(10장)은 음악 교육 분야에서 최신 연구된 내용과 시시각각 변하는 현장의 소리를 담았기에 독자들에게 공감을 줄 것이다.

음악 교과는 4가지 활동을 중심으로 수업이 이루어지고 있다. 2022 개정 음악과 교육과정에서는 연주, 감상(감상하기), 창작(음악 만들기)으로 구분하고, 연주는 가창(노래 부르기)과 기악(악기 연주하기)을 포함한다. 초등학교 1~2학년 통합 교과를 지나 3학년부터 음악 교과는 단일 교과로서 교육과정이 제시하는 영역을 중심으로 수업이 이루어지고 있다(교육부 2015; 교육부, 2022). 저자는 AI가 인간의 목소리를 학습하고 이를 표현하는 프로그램을 살펴보고, 학생들이 가창 수업에서 적용할 수 있는 방법을 다루었다(3장). 가상 악기의 등장은 기술 발전을 의미하며 디지털화됨에 따라 물리적 악기 음색과 구별이 어려울 정도의 고품질 음향을 구현하는 진화를 거듭했다. 기계 학습과 AI의 통합으로 연주 스타일과 연주 기술을 복세하는 것과 제스처 인식 기술(Gesture recognition)로의 발전을 소개함으로써 학생들이 악기를 연주하는 활동에 재미를 추가할 수 있도록 하였다(4장). 음성 인식 기술과 음원 플랫폼들은 AI 기술 적용이라는 세계적 추세를 반영하여 이용자들의 취향을 분석하여 노래를 알려주고 산업 분야에서 두각을 보인다. 지금까지 축적된 기술을 토대로 출시된 혁신적 프로그램들은 학습자로 하여금 감상이라는 인간의 기본적 행위 과정에서 느낄 수 있는 예술적 아름다움이라는 경험을 제공할 수 있기에 인공지능을 적용한 감상 방법을 살펴보았다(5장). 학생들의 음악성을 개성 있게 표현할 수 있도록 다양한 기회를 제공하는 창작 활동은 음악적 상상력과 창의성을 기를 수 있다. AI의 등장으로 작곡 분야는 새로운 창작 영역으로 주목받고 있으며 큰 규모로 대기업들이 앞 다투어 음악 창작 플랫폼 개발하고 있어 음악 이론 학습과 관계없이 쉽게 음악을 만들 수 있는 경험을 제공한다. 새롭게 적용된 교육과정 창작 활동에 적합한 프로그램을 소개하여 학교 현장에서 사용할 수 있도록 재구성하였다(6장). 스마트폰과 애플리케이션의 영향 속에 IT 강국의 면모로 디지털 악기 시장이 발달하면서 학습자 중심의 맞춤형 교육이 가능해진 음악 사교육 시장을 조명하였다(7장). 음악 교사는 개인적 · 전문가적 자질과 함께 음악적 능력을 갖춰야 하며, 그중에서 우선으로 노래와 반주를 할 수 있어야 한다. 그러나 혁신적인 디지털 미디어 기술과 AI 발달에 따른 기술을 적용하여 수업을 진행해야 하는 어려움에 따라 이를 효과적으로 대처할 수 있는 교육자가 지녀야 할 자세를 기술하였다(8장). 스마트폰에서 2022년 챗GPT의 등장으로 음악 만드는 AI의 스타일도 점차 다양성을 보인다. 원하는 조건들이 나열되어 기호에 맞게 기능을 설정하고 변경할 수 있는 커스터마이징(Customizing)과 스타일에 맞는 조건의 언어로 음악을 생성하는 프롬프트(Prompt)로 거대 언어 모델(Large Language Model, LLM)의 생성형 AI의 종류와 사례를 알기 쉽게 제시하였다(9장). 마지막은 미래에 발전 가능성을 논하고 있는 디지털 기술들을 정리하고 음악 교육에 적용할 수 있는 내용으로 기술하였다(10장).

AI는 모든 영역에서 현재 진행형이다. 최신 기술을 적용한 실제 음악 수업 사례, 그리고 음악 생성 프로그램과 플랫폼을 활용한 연구들이 주를 이루고 있는 한편, AI를 수업에 사용하는 것이 과연 궁극적인 음악 활동으로 볼 수 있는지에 대한 문제를 제기하고 있다. 이는 기본적 음악 개념을 학습하지 않은 아동이 AI를 이용하여 간단하게 음악을 만드는 것이 과연 음악 활동이고 행위인 것인지 근본적 물음을 통해 이해하려는 노력이 논의되고 있는 만큼 긍정적 시각과 부정적 시각이 함께 존재한다. 기술은 경이로움과 탄성을 가져오지만, 그 이면은 사람들에게 두려움과 부정이라는 감정 반응을 불러일으킨다. 텔레비전이 등장했을 때 바보상자라는 프레임에 가두었고, 이후 스마트폰의 등장, 그리고 AI의 등장도 마찬가지로 부정적 시각을 가지게 하였다. 하지만, 누군가는 그 새로움을 경험해 보아야 옳고 그름에 대한 결과치를 알 수 있다. 세상이 변화했을 때 그 변화에 적응하는 방법을 알려주는 것은 교육자의 역할이므로 이 총서의 내용을 통해 음악 교과를 지도하는 교사들에게 용기를 주고 싶고, 앞으로 음악 교육이 AI와 함께 나아갈 방향을 모색할 수 있는 지표가 되길 기대한다.

참고문헌

교육부(2015). “2015 음악과 교육과정”. 교육부 고시 제2015-74호 [별책 12].

교육부(2022). “2022 음악과 교육과정”. 교육부 고시 제2022-33호 [별책 12].

대한민국 교육부(2021). “21세게 학생들에게 21세게 교육을 제공하는 한국판 뉴딜!”. 교육부 국민서포터즈. https://if-blog.tistory.com/12507

민경훈 외(2017). 《음악 교육학총론》. 학지사.

박희진(2019). “미래사회와 학교교육의 변화”. 《교육전남》, 133,

52~61쪽.
이윤미(2001). “공교육의 역사성과 교육의 공공성 문제”. 《교육비평》, 6, 12~31쪽.
이홍수(1990). 《음악 교육의 현대적 접근》. 세광음악출판사.
장지현(2015). “도제식 교육에 관한 연구경향 분석”. 《한국비교정부학보》, 19(2), 157~178쪽.
Gjerdingen, R.(2007). *Music in the Galant Style*. Oxford University.
Harari, Y.(2019). *21 lessons for the 21st century*. Vintage.
Heller, G. N. & Livingston, C.(1994). Lowell Mason (1792-1872) and Music for Students with Disabilities. *The Bulletin of Historical Research in Music Education, 16*(1), pp.1~16.
Sagan, C.(1977). *The Dragons of Eden: Speculations on the Evolution of Human Intelligence*. Random House.

01
음악 교육의 본질

음악은 영혼의 성격에 감화를 주는 힘을 가지고 있다. 그 아름다움은 외부 요소에 의존하지 않고, 오직 음의 조화로 만들어 내는 예술 자체다. 이처럼 음악의 본질을 탐구하는 과정은 인간의 위대한 여정과 같으며, 음악 교육은 이 아름다운 여정을 밝혀주는 등불과 같은 존재다.

기후 위기와 인공지능?

음악의 본질

피타고라스(Pythagoras)는 '천체 음악론(Music of the spheres)'을 통해 음악을 귀로 들을 수 있는 우주의 하모니로 생각했다. 그는 별들의 거리가 조화로운 수적 비율로 이루어져 그 관계가 미시적으로 반영된 것을 '음악'이라고 하였으며, 이러한 주장은 플라톤에 의해 '에토스(Ethos)'론으로 발전하게 되었다. 음악이 가진 막강한 힘은 인간의 성격에도 직접적인 영향을 줄 수 있으며, 건전한 심신 발달과 원만한 사회생활을 위해 꼭 필요한 것이었다. 플라톤은 대상을 정확하게 상징하는 모방을 아름다움으로 보았으며, 음악이 독창적이거나 개성을 드러내지 않는 전통과 기본에 충실한 형식을 추구하는 것을 높은 의미를 가진 것으로 보았다(오희숙, 2021). 그렇지만 음악은 전문적 기교의 체득이 아닌 교육의 일환으로 음악적 교양을 함양하는 것에 한정되어 학습이 이루어졌다(이선채, 2007). 아리스토텔레스도 그의 모방 이론(Principle of imitation)에서 음악은 인간의 영혼이 가진 열정이나 상태를 모방하는 것으로 이를 반영한 음악을 듣게 될 때 닮아간다고 하였으며, 미적 감정을 기르기 위한 훈련 교과로 높게 평가되었다(권덕원 외, 2005). 다시 말해 자연이라는 모델을 통해 인간의 모방 욕구가 일으

켜졌으며 그대로 흉내 내어 복사하기보다 본질에 대한 자유로운 접근 결과로서 모방의 대상이 간직한 형상, 올바름, 그리고 아름다움을 재현하고 창조하는 것을 중요한 행위로 보았다. 이는 모방의 대상이 인간의 감정, 성격, 행동으로 확대되었고, 음악은 인간의 외적, 내적 삶을 모방할 수 있는 고귀하고 아름다운 분야로 보았다(오희숙, 2021).

음악은 인간성의 본질이며 언어와 함께 다른 종을 구별 짓는 중요한 요소로서 인간의 진화 과정에서 필연적 역할을 수행해 왔다. 인간이 지닌 음악적 감수성은 전문 기억으로 특화된 대뇌피질의 메커니즘(Mechanism)이 관여하기 때문에 음악을 감상하고 가락을 기억하게 해 주는 것이다. 이러한 추론은 진화적 근거로 지지되어 왔으며 음악을 기술 습득과 같이 사회 소속원이 되기 위한 중요한 역할로서 본질적으로 전이 가능한 성격을 갖는다고 보았다(Cross, 2003). 수전 할람(Hallam, S. 2011)은 음악을 '인간의 심리적 복합 개념(p. 2)'으로 구분하였고, 소리가 객관적 실제이더라도 음악으로 인식될 때 비로소 음악이 되는 것이며, 이러한 기준은 집단이나 문화 또는 개개인에 따라 판단의 근거가 다르다고 하였다. 서양 음악의 발전으로 음악이 갖는 감정의 표현과 아름다움을 구현하는 가변성에도 불구하고 보편적으로 통용되는 특성에 따르기 때문에 음악적인 소리로, 또는 그렇지 않게 들리는 것은 사람마다 다르게 인식될 수 있다(Hallam, 2011). 음악은 상호 관계를 위한 도구로서의 역할을 가지며, 처음 목적에 적응한 이후 변화된 다른 목적에 유용하게 작용할 수 있도록 진화적 형질의 '굴절 적응(exaptation)'을 지닌다. 그저 단순하게 즐거움을 제공했던 것에서 또 다른 수용력 발생으로부터 얻게 된 부산물로 보는 것이다. 인류 생존을 위한 직접적인 진화 과정에서 생겨나 시간이 지나면서 음악을 위한 용도로 전환되어 쓰이게 된 것이다(Gould & Vrba, 1982; Hallam, 2011).

현대 사회에서 음악 기능의 다양성을 감정 표현, 심미성, 여흥, 상호 이해, 상징적 표현, 신체 반응, 사회 규범 준거, 종교 의식과 사회 제도의 실효성, 문화적 안정성과 연속성 기여, 그리고 사회 통합으로 설명하고 있다. 음악은 자신의 기분과 느낌을 조절하기도 하며, 타인의 감정과 행동 방식을 결정하기도 한다. 또한 음악을 통해 긴장을 풀며 감정을 극복하고, 집중력을 높여 자기표현을 증진하는 도구로 활용되어 왔다. 그리고 개인이 속한 사회 속에서 창조 · 해석 · 연주라는 일련의 활동으로 여겨져 집단의 결속력에 매우 중요한 요소로 작용했다(DeNora, 2000; Merriam, 1964). 음악은 사회 전체를 고려한 규범을 준수할 수 있도록 하였으며, 집단 내의 갈등을 해결하는 중요한 역할도 이행해 왔다. 이러한 기능들은 사회 안에서 음악적 기능으로서의 특성과 사고방식, 그리고 음악으로서 본질적 가치를 충실히 반영한 것이다.

음악 교육의 당위성

음악은 시대를 막론하고 마땅히 배워야 하는 과목으로써 그 당위성에 대한 이유가 논의되어 왔다. 고대 그리스 시대부터 음악은 교육으로서의 가치를 지녔으며 음악을 배우는 것은 사회를 위한 실제적 목적을 성취하는 하나의 수단으로 여겨졌다. 이는 음악 교육의 외적 가치들로서 신앙심을 기르기 위하거나, 애국심 고취, 신체적 · 지적 · 도덕적 발달에 도움을 주는 이유로 교육 영역으로 여겨졌다. 학교 음악 활동은 원만한 인격 형성, 건전한 행동 양식 및 건강 증진, 협동심 함양, 사회성 증진, 여가 선용 등 개인의 삶과 직결된 교육이라기보다 음악과 삶의 사회적 요소에 초점이 맞추어져 왔다는 것이다. 이러한 외적 가치 지향은 1960년대 접어들면서 음악 교육을 받은 사람이 훌륭한 인격을 지녔는지, 건강한 사람인지,

그리고 시민 의식이 타 교과에 비해 더욱 발달하는지에 대한 의문이 발생하기 시작하면서 새롭게 지향해야 하는 바를 탐색하게 되었다(이홍수, 1990. p. 97).

다양한 시대와 문화 속에서 음악 교육은 체제와 특성 및 경제적, 정치적, 그리고 사회적 인식 속에 그 역할과 가치가 다르게 전달되어 왔다. 몇몇 국가들은 필요에 따라 그 위치를 조정하거나 필요조건 밖으로 옮기기도 하였으며, 기술 발달에 따른 음악 교육의 효과를 다른 방향으로 추구해 오기도 하였다. 그러나 음악 교육은 핵심 활동(연주, 감상, 창작)을 통해 아동의 음악적 능력과 문해력(Musical literacy)을 발달시켰으며, 비평적 능력도 함양하도록 도왔다. 나아가 자국의 음악을 배우거나 타 문화권의 음악사와 음악이 사회에 기여한 지식을 이해하고 소통하는 능력을 습득해 왔다.

음악 교과는 교사와 학생 간 예술적 교감을 통해 음악을 향유하고 음악적 성장을 이룰 수 있게 함으로써 그 가치와 당위성이 인정된 교과다. 다양한 음악 활동으로 인격을 형성하거나 올바른 시민을 양성할 수 있다는 부수적 가치 또는 노래를 잘 부르거나 악기 연주를 잘 할 수 있게 만드는 음악 외적 가치에 치중하기보다 학생 개개인이 가진 인간적 속성, 그들의 삶과 음악과의 관계, 그리고 음악을 통한 심미적 개발 가능성이라는 내적 가치를 인식하고 발달시키는 교과다. 음악은 미술과 문학, 무용과 같이 그 자체가 가지는 심미적 예술 교육이 가능하며 일상의 경험이 심미적 경험의 근원이라는 존 듀이(John Dewey)의 주장에 맞게 개인의 삶의 형태가 그 의미를 지니며 동시에 예술 요소와 조건을 제공하므로 내적 질의 향상은 물론 심미적 경험도 발달시킬 수 있게 되는 것이다. 이러한 미적 감수성은 표현 행위라는 음악 활동을 직접 수행함으로써 구현되며 비로소 음악적 감수성을 향상시키는 중요한 길을 제공하게 된다. 음악 교육은 역사와 시대를 거쳐 인간의 고뇌와 노력으로 탄생한 작품을 학습하게 함으로써 인간의 삶의 형태를 경험하고 의미를 발견하는 창조적이고 가치 있는 활동을 할 수 있다. 이처럼 인간과 삶, 음악의 본질, 심미적 체험은 음악으로 경험하고 계승 · 전승함으로써 우리 음악뿐만 아니라 모든 시대의 종류와 음악을 학습함으로써 음악이 가진 보편성과 다양성을 이해할 수 있게 된다(이홍수, 1990).

이제 근대식 학교 교육을 지나 실용주의적 입장에서 시대가 요구하는 인공지능이란 신기술이 도입된 만큼 음악 수업을 통해 학생들의 흥미를 고려한 실제적 경험과 스스로 음악적 진리를 탐구해 가는 수업들이 이루어질 필요가 있다. 그 변화는 음악 교육 정책과 수업 환경을 빠르게 잠식할 것이며, 음악을 경험하고 실행해야 하는 음악 교육의 철학적 한계를 벗어나 새로운 음악을 경험하고 자신의 삶과 연결할 수 있는 음악 교육적 접근이 이루어질 것이다(오희숙 외, 2022).

참고문헌

권덕원 외(2005). 《음악 교육의 기초》. 교육과학사.

오희숙(2021). 《음악이 멈춘 순간 진짜 음악이 시작된다》. 21세기북스.

오희숙 외(2022). 《음악에서의 AI와 포스트휴머니즘 미학》. 모노폴리.

이선채(2007). "고대 그리스와 중국 철학자들의 음악 교육사상". 《영유아교육연구》, 10, 151~168쪽.

이홍수(1990). 《음악 교육의 현대적 접근》. 세광음악출판사.

Cross, I.(2003). Music, cognition, culture and evolution. In Pertz, I. & Zatorre, R. J. A.(eds.). *The Cognitive Neuroscience of Music.* Oxford University Press.

DeNora, T.(2000). *Music in Everyday Life.* Cambridge University Press.

Gould, S. J. & Vrba, G E.(1982). Exaptation a missing term in the science of form. *Paleobiology, 8*(1), pp.4~15.

Hallam, S.(2011). 《음악 교육 심리학(*Music Psychology in Education*)》. 고선미 옮김. 시그마프레스.

Merriam, A. P.(1964). *Anthropology of music.* Northwestern University Press.

02
소리에서 음표로, 그리고 AI로

인류의 정보 전달 방식은 언어에서 문자로, 그리고 인쇄술로 발전하며 지식과 기술의 비약적 성장을 이루었다. 인쇄술은 소리를 음표라는 기록 방식으로의 전환을 가져왔고, 음악 지식의 산업화와 대중화를 앞당기는 혁명적인 역할을 했다. 이제 컴퓨터 출현에 버금가는 AI의 등장으로 음악의 미래가 더 궁금해지고 있다.

노래하는 AI 보컬?

소리의 기록과 저장

소리는 공기라는 매개체를 타고 귀에 도달해서 고막을 진동시키고 달팽이관을 자극한다. 그리고 청각 기관인 귀를 통해 뇌가 지각하게 되며 음악적 지각은 청각 기관으로 수용된 소리 정보를 우리가 가진 경험에 근거하여 연결 짓는 것으로 설명될 수 있다. 이는 보편적으로 인간이 처한 시대와 문화적 특수성에 따라 선천적 감각 능력과 후천적 학습에 의한 지각 능력의 차이로서 식별된다. 가령 플루트로 연주되는 선율을 듣고 음정이 일치되지 않는 부분에서 특정 음이 '너무 높다'는 말을 듣게 된다면 자신이 배운 음계에 대한 사전 학습이 있기 때문에 그런 느낌을 받을 수 있는 것이다. 즉, 그 음계에 대해 학습된 경험이 없는 타 문화권의 사람인 경우에는 특정 음이 높은지 낮은지 자체를 느끼지 못한다는 것이다. 그래서 음악을 지각(知覺)한다는 것은 음악에 대한 사전 경험에서 출발하는 문화화(Enculturation) 과정으로 일종의 감각은 문화화가 개입되기 전이며, 지각은 사회적 과정 속에 후천적이며 개인이 속해 있는 문화권의 영향을 받는 개념인 것이다(이석원, 2013; Hayden, 1941).

15만 년 전부터 직립 보행의 결과로 인간의 상체가 서게 되면서 두 발을 두드리는 일종의 리듬 중심 소리들로 연주되는 음악이 존재했을 것으로 추정된다. 이러한 소리의 형태가 그들만의 언어나 그림으로 표현되기 시작하면서 음악은 기록되었을 것으로 추측된다. 현존하는 가장 오래된 표기법의 작품은 '후리안 찬가 6번(Hurrian hymn no.6)'으로 시리아 북부 라스 샴라(Ras Shamra)의 우가리트(Ugarit) 도시에서 점토판의 형태로 발견되었다. 내용은 달의 신의 아내인 니칼(Nikkal) 여신에게 바치는 노래로 고대 메소포타미아에서 기원전 1400년경 작곡된 것으로 알려졌다(Kilmer, 1974). 완전한 악곡의 형태는 1세기경 그리스 문자에 음높이를 표기한 '세이킬로스의 비문(Epitaph of Seikilos)'으로 튀르키예(구, 터키) 토랄레스(Tralles) 근처 아이딘(Aidin)에서 발견되었다. 돌비석에 가사가 새겨져 있으며 e-e′옥타브의 모든 음들이 포함되어 있다(서정은, 2022; Grout & Palisca, 1988). 이후 음악의 기록은 단성 음악에서 다성 음악으로의 발전과 맥을 같이하였으며, 근대 성가 기보법으로 불리는 네우마(neume, 라틴어로 부호)의 발달로 이어졌다. 이는 시기적으로 8세기경 그레고리오 성가들이 집중적으로 만들어진 때로 볼 수 있다. 그리고 11세기 서양 음악사에서 중요한 인물인 수도사 귀도 다레초(Guido d'Arezzo, 992~1050)에 의해 6음 음절 체계(ut, re, mi, fa, sol, la)의 고안과 함께 4선 보표의 시작(어느 필사가가 f음 정도의 높이에 붉은 선을 수평으로 하고 주변에 네우마를 표기한 것에 4선 보표를 그려 넣음)으로 선율의 상대적 음 높이를 정확히 기보하게 되었다(박은선, 2014; Grout & Palisca, 1988).

악보를 필사하던 시기에 문자 사용의 팽창은 종이 사용의 증가로 이어졌으며, 문서 보관의 용이함에 따라 경제와 정치적 구조 변화를 이끌기도 하였다. 이는 다시 책의 수요로 이어지게 되면서 글쓰기 작업장(Schreibmanufakturen)도 성행하였다(최경은, 2011). 이후 1434년 인쇄술의 등장은 소리나 몸짓, 부호나 문자를 지나 세 번째 정보혁명으로도 불리며 인류 문명 발전에 큰 공헌을 한 업적으로 인식되고 있다. 인쇄술 발달 이전에는 소리를 눈으로 보기 위해 한 권씩 일일이 손으로 옮겨 적는 필사가의 노력이 필요했으며, 손으로 악보를 만드는 시스템은 가격적 측면과 희소성 때문에 일부 계층만이 소유할 수 있어 지역적 제한성을 갖고 있었다. 대량으로 인쇄된 종이는 악보의 가격 하락을 이끌었고, 계층과 지역을 넘어 음악 사회의 근본에 커다란 변화를 가져오게 되었다.

소리를 음표로 옮기는 과정은 보표를 먼저 찍어낸 후 다시 음표를 찍어내는 2도 인쇄 방법(악보의 보표는 빨간

색으로 음표는 검은색)으로 이루어졌다(민은기, 2004). 1501년 오타비아노 페트루치(Ottaviano dei Petrucci, 1466~1539)가 최초로 구텐베르크의 금속 활판 인쇄술을 도입하여 다성 음악 출판이 이루어졌고, 인쇄 공정도 3도 인쇄법으로 보표, 음표, 가사, 기호, 페이지 번호 등의 차례로 인쇄가 되었다. 이후 피에르 아테냥(P. Attaingnant, 1494~1552)은 활자판에 음표와 쉼표, 모든 기호를 포함한 효율적 비용 절감 기술을 선보이기도 했으며, 이 기술은 아드리안 르 로이(A. Le Roy, 1520~1598)로 계승되며 프랑스와 유럽 전역에 걸쳐 많은 영향을 주게 되었다(Krummel & Sadie, 1990).

1877년 에디슨이 축음기를 개발하고 난 이후부터 시간 예술인 음악은 원하면 누구나 자유롭게 듣고 저장할 수 있게 되었다. 비로소 인류는 소리를 영원히 저장할 수 있게 되었으며, 장소와 시간에 맞게 음악을 재현해 줄 수 있기에 매우 획기적인 발명으로 평가받고 있다(유현주, 2015). 축음기는 음악을 재생하여 다시 들려주는 것을 넘어 인류사의 '기록'이라는 패러다임을 바꾼 핵심적인 매체로 평가받는다. 이러한 저장 매체는 17cm의 원반형 LP(Long playing record)가 발명되고 음반 산업에 강력한 영향을 미쳤으며, 카세트테이프(Cassette tape)라는 기술 발전으로 이어졌다. 새롭게 개발된 재생 장치의 소형화와 개인화는 음악 제작과 유통 구조에 큰 변화를 가져왔다. 1990년대 콤팩트디스크(CD), MP3, 스마트폰, 그리고 인터넷의 발달로 음성과 영상 콘텐츠를 실시간 재생하는 스트리밍 서비스(Streaming service)가 등장하는 일련의 과정을 거치면서, 청중은 연주자의 감정과 음악이 전달하는 감동을 이전보다 생생하게 느낄 수 있게 되었다(홍종현, 2021).

음표에서 언어(text)로의 전환

인공지능 기술은 방대한 데이터를 분석하여 음악을 분류할 수 있으며, 장르, 구성, 분위기를 자동으로 추출하고 데이터베이스를 구축하는 관리가 가능하다. 기술 활용 측면에서는 개인의 취향에 더욱 적합한 형태로 발전할 것이며, 음질과 다양한 기술(AR, VR, MR 등) 결합은 사용자로 하여금 몰입감을 더욱 증대시켜 줄 것이다. 최근 생성형 인공지능(Generative AI)으로 대표되는 챗지피티(ChatGPT)는 데이터의 패턴을 학습하여 새롭게 데이터를 만드는 능력을 지니고 있다. 생성형 AI는 텍스트, 이미지, 코드, 그리고 음악 생성으로 분류되는데 일종의 거대 언어 모델(Large Language Model)이 기존의 방대한 음악 데이터 패턴을 깊이 있게 학습하고 그에 따른 텍스트를 생성 및 요약하며 때로는 묻고 답할 수 있도록 다양한 언어 처리 작업을 수행할 수 있다. 이는 단지 생성을 넘어 사용하는 사람의 의도를 파악하며, 주제에 관한 토론도 가능하다.

인공지능을 통한 음악 생성 기술은 음악 생성, 편집, 저장을 넘어 창작 환경의 핵심 요소로 적용되고 있으며, 창작의 존재가 인간 중심이라는 개념이 불분명해지고 있다. 여기에 다양한 인공지능 음악 프로그램(AIVA, MuseNet, Google Magenta, Amper Music)의 등장은 기계라는 물리적으로 한정된 장치라기보다 기계가 음악성을 지닌 존재로 인식되기도 한다. 기계 음악성(Machine Musicianship)은 '음악 생성 시스템이 감지(sensing), 반응(response), 생성(generation)의 과정을 거쳐 음악을 창작할 수 있는 능력(김은양, 2025, p.268)'을 뜻하며 기계가 창작자로서의 지위를 갖기도 한다. 인공지능 음악 생성 시스템 중 텍스트 기반 시스템은 소리나 음표를 직접 입력하기보다 대규모로 학습된 음악 데이터를 기반으로 프롬프트에 해당하는 텍스트(text)를 입력하여 음악을 생성하는 방식이다. 대표적으로 수노(Suno AI), 테드(Tad AI), 뮤직젠(AIMusicGen.ai)이 있으며, 원하는 노래를 설명하는 내용의 프롬프트를 입력하여 맞춤형 노래로 창작해 주는데 인간의 언어가 음악으로 제작되는 신선한 경험을 선사한다.

의료 분야에서 주로 활용되는 뇌파 기반의 BCI(Brain Computer Interface) 기술이 점차 경량화, 대중화됨에 따라 언어를 기반으로 생성되던 음악 창작 방식에서 벗어나 인간의 생각과 뇌파를 통해 새로운 음악을 만들 수 있는 프로그램이 머지않아 구현될 것으로 예측된다. 이에 따라 악보 기보를 음표로, 다시 인간의 언어로 전환하여 음악을 만들어 내던 인공지능 프로그램이 인간의 개입 없이 스스로의 자율성과 자발성을 발휘하여 음악을 기록하게 된다면, 음악 창작은 지금보다 훨씬 발전된 미지의 영역으로 나아가게 될 것이다(김귀정 · 한정수, 2015; 이상헌, 2018; 이화민, 2023; 임창환, 2010).

참고문헌

김귀정·한정수(2015). "뇌파를 이용한 BCI 게임 동향 고찰". 《디지털융복합연구》, 13(6), 177~184쪽.

김은양(2025). "AI시대의 음악 창작과 기계음악성". 《한국예술연구》, 49, 261~284쪽.

민은기(2004). "인쇄술 발달이 16세기 서양음악사에 미친 영향: 음악의 생산과 소비구조의 변화를 중심으로". 《음악과민족》,

28, 383~431쪽.

박은선(2014). 《현대음악기보법(Music notation)》. 음악춘추사.

서정은(2022). "한국 전통기보체계의 음악문자학 기초연구: 서양 전통기보체계와의 비교고찰". 《음악이론연구》, 39, 33~62쪽.

유현주(2015). "축음기와 실재의 소리: 프리드리히 A. 키틀러의 이론을 중심으로". 《미학예술학연구》, 44, 111~132쪽.

이상헌(2018). "우리는 왜 인공지능에 대한 통제를 고민해야 하는가?". 《철학연구》, 147, 261~281쪽.

이석원(2013). 《음악인지과학》. 심설당.

이화민(2023). "생성형 AI를 넘어 AGI 시대로". 《전기의 세계》, 72(12), 17~24쪽.

임창환(2010). "뇌파 기반 뇌-컴퓨터 인터페이스 기술의 소개". 《의공학회지》, 31(1), 1~13쪽.

최경은(2011). "구텐베르크 서적 인쇄술 발명의 사회문화적 배경". 《독어교육》, 51(51), 499~518쪽.

홍종현(2021). "음악 저장매체는 어떻게 진화했을까?". YTN 사이언스. https://science.ytn.co.kr/program/view_hotclip.php?mcd=1213&key=202102041510083765

Grout, D. J. & Palisca, C. V.(1988). *A history of western music*(4th ed). W.W. Norton.

Hayden, G.(1941). *Introduction to musicology*. The University of North Carolina Press.

Kilmer, A. D.(1974). The cult song with music from ancient ugarit: Another interpretation. *Revue d'Assyriologie et d'archéologie orientale, 68*(1), pp.69~82.

Krummel, D. W. & Sadie, S.(1990). *Music printing and publishing*. MacMillan Press.

03
노래 부르는 AI

인간의 목소리는 발성 기관을 통해 나오며, 튜브 형태의 후두(喉頭, larynx) 차이에서 영장류와 구분된다. 인류의 역사 속에서 인간의 감정과 느낌을 담은 언어는 노래로 만들어졌으며 집단 간 일체감을 촉진시켰다. 이제 인공지능이 그 영역까지 진입한 만큼 우리가 느끼게 될 감동의 깊이를 가늠해 볼 시점이다.

인공지능과 편향?

노래하는 인류

음악은 지구상에 존재하는 다른 종에 비해서 인간만이 가진 중요한 유산(遺産)이며, 인류사와도 깊이 연결된 예술로서 시대와 문화 변화에 따라 표현 방식도 계속 진화해 왔다. 노래를 부르는 것은 언어의 기원에 대한 논의로서 오래도록 연구된 주제이며, 인류의 진화를 해결할 수 있는 열쇠로서 영장류와의 구별 점을 찾는 중요한 부분이기도 하다(이소연, 2023).

2018년 앵글리아 러스킨 대학(Anglia Ruskin University) 동물학과 연구팀은 뇌의 크기 비교를 통해 영장류와 인간이 생성하는 언어의 능력 차이를 밝혔지만, 일본 교토대학(Kyoto University)과 오스트리아 빈 대학(University of Wien) 공동 연구팀이 밝힌 다른 연구에서는 후두 구조의 차이가 가장 큰 구별점이라고 주장한다. 이는 기존의 연구를 뒤집은 경우로서 소리를 내는 원리나 작용 과정은 비슷하지만, 그 정교한 발성 기관과 언어는 인간이 지닌 유전적 특징에서 나타난다고 하였다. 다시 말해 같은 후두를 가졌지만, 영장류에 비해 직립 보행을 하는 인류의 후두가 점차 밑으로 내려가면서 성도(Vocal tract)가 커지게 되는 과정을 통해 언어를 만들 수 있는 혀와 후두 사이의 충분한 공간이 형성되면서 광범

위한 소리를 낼 수 있게 된 것이다(김형자, 2022).

비로소 목소리를 가지게 된 인류는 종교적 의식이나 기원을 통해 음악을 시작했을 것이다(홍정수 · 조선우, 2000). 존재하는 유적과 기록에서 발견된 내용을 토대로 살펴보면 신화와 종교 영역에서 음악은 빠질 수 없었으며, 무엇보다 인간의 목소리로 신을 찬양하는 행위는 매우 경건하게 받아들여졌다. 그러한 성악의 형태는 고대, 중세, 르네상스, 바로크, 고전, 낭만주의 시대를 거쳐 21세기까지 수많은 경험과 노력 속에서 가장 보편적인 발성의 원리가 만들어졌고, 오늘날 가창(노래 부르기)이라는 음악에서 가장 중요한 하나의 양식으로 자리 잡게 되었다(Grout & Palisca, 1988).

인류는 자신의 의사나 감정을 다양한 방법으로 표현해 왔다. 그중에서 노래를 부르는 행위에 대해서는 교수법과 발성법들이 교육적 차원에서 자연스럽게 이루어졌다. 노래를 부를 때 횡격막과 근육의 모습을 확인할 수 있는 의학 및 과학기술 발전에 이르러서 보다 아름다운 목소리를 만들기 위한 노력도 계속되고 있다. 음악 교과에서 학생들에게 노래하는 법을 가르치는 가장 중요한 이유는 누구에게나 있는 신체의 한 부분인 성대를 사용하는 활동이며, 언어와 밀접하게 융합되어 노래 부르는 과정이 문학적 표현 능력의 함양으로 이어지기 때문이다. 역사적으로 집단을 이루는 과정에서 음악을 통해 하나라는 동시성과 일체감 형성을 촉진하게 되었으며, 인간의 생산 능력에도 중요한 역할을 해왔다(Levitin, 2022).

목소리를 학습하는 AI

기계가 인간의 목소리를 인식하는 기술은 인터페이스(Interface)의 일환인 음성 인식 기술로서 입력받은 음성을 컴퓨터가 분석하고, 그 특징을 추출하여 미리 입력된 음성 데이터베이스와 비교한 다음 문자나 혹은 명령어를 사용하여 변환하는 기술을 의미한다(김동민 · 이칠우, 2010). 음성을 분리하는 핵심 기술은 두 가지로 음원 분리와 음성 합성 및 변환 기술이다. 음원을 분리하는 기술은 딥러닝(Deep learning) 모델을 사용하여 이미 생성된 음악에서 목소리와 악기 소리를 구분하는 방법을 학습하는 과정이다. 이 과정은 가수의 목소리와 연주로 녹음된 엠알(Music recorded)로 구분하게 되며, 이를 활용할 수 있는 음원 분리 사이트로는 '가우디오 스튜디오(Gaudio studio)'와 '얼티메이트 보컬 리무버(Ultimate vocal remover)' 프로그램이 있다. 음원이 분리되면 음성을 합하거나 변환하는 단계로 이어지며 음성 합성 과정에서 인간의 목소리를 생성하고, 감정과 억양 등을 조절하게 된다. 이때 인공지능은 특정 가수의 목소리에 맞게 억양과 발음의 특징을 반영한 학습도 가능하다. 음성 변환은 딥러닝 기반으로 특정 사람의 목소리를 모델링하고 새로운 음악에 적용하는 방식으로 음색, 억양, 발음 등을 학습하게 된다. 이를 통해 원하는 목소리가 탄생하면서 새로운 노랫말로 노래를 만들 수 있게 되며, 자동으로 원본 음악과의 조정을 통해 인공지능 기술은 원곡에 가까운 목소리의 곡을 완성할 수 있다.

인공지능 보컬(AI Vocal)은 인간의 목소리를 모방하거나 생성하여 합성, 변조, 인식, 그리고 분석할 수 있는 시스템이다. 구글 코랩(Google Colab)의 검색 기반 음성 변환(RVC v2 Disconnected) 기술은 기존의 음성 데이터를 이용해 변조하는 것으로 음성 변조와 비슷한 맥락을 가지고 있으며, '소리소리 AI', '뮤직파이 AI (Musicfy AI)'는 음성 합성 작품을 만들 수 있는 프로그램들이다(AI Heroes, 2024). 글자를 사람의 목소리로 변환해 주는 음성 합성(Text to speech) 기술은 발전을 거듭하여 실제 사람과 구별하기 어려운 수준에까지 이르렀다. 게다가 가상 인간(Virtual human, 영상 매체의 흐름을 새롭게 주도하는 기술로 인간과 유사한 특징을 가진 캐릭터가 상호작용을 하는 인공지능)은 자연어 처리나, 음성 인식과 같은 기술이 사용되고 있으며, 사람의 말소리를 녹음하여 음성 단위로 분할, 부호를 부여, 합성기 입력, 그리고 최종적으로 합쳐서 소리를 만들어 낸다. 이러한 가상 인간은 방송, 연예, 광고, 엔터테인먼트 분야로 진출하여 노래를 자연스럽게 합성할 수 있는(Singing voice synthesis) 기술로도 발전하고 있다. 초기에 다소 기계적이고 부자연스러웠던 음성 생성 기술은 인공지능 딥러닝 기술 기반의 모델들인 오픈 AI(OpenAI), 챗지피티포(chatGPT-4), 구글의 타코트론 2(Tacotron 2), 웨이브넷(WaveNet) 등이 개발되면서 보다 자연스러워졌다. 무엇보다 사용자의 목소리에 감정을 더할 수 있게 되면서 목소리를 합성함에 거부감이 감소하게 된 것이다. 이러한 보컬 합성 기술들은 인공지능이 생성하는 음성을 수용적으로 받아들이게 되었으며, 사회적으로 오디오북, 광고, 심리, 문화, 애니메이션과 같이 다양하게 활용된다. 인간의 감성을 충실히 이해하고 표현하는 부분은 여전히 한계를 지니고 있지만, 창작 영역에서 노래 부분을 합성할 때 학습에 의한 데이터 기반 음악 생성이 유용하다는 평가가 있다(이기영, 2024).

인공지능을 활용한 음성 합성 기술들은 학습자의 음

성으로 목소리를 생성하므로 음악 교육 분야에서 맞춤형으로 콘텐츠를 제공할 수 있을 것이다. 음악 수업에서 플립 러닝(Flipped learning) 방식으로 계획하여 음악 생성 프로그램을 사용하는 방법은 다음과 같다.

1. 교수자는 필수 개념과 방법을 온라인으로 제작하여 제공하고, 학습자는 프로세스에 따라 자신의 목소리를 사전 학습하고 녹음한다.
2. 오프라인 수업에서 교사와 토의 · 토론을 거쳐 개별 및 그룹 활동을 진행한다.
3. 차시 수업을 통해 자신의 목소리를 학습한 음성 인식 프로그램으로 노래를 불러보게 한다.
4. 학생들이 원하는 가수를 선택하여 노래 부르게 하여 목소리에 대한 탐색을 한다.

비록 이러한 경험은 실제 학습자의 목소리로 표현되는 것은 아니지만, 인공지능과의 상호작용을 통해 능동적 참여와 성취감을 느낄 수 있으며 다양한 음악 콘텐츠 제공을 통해 새롭고 다채로운 경험을 쌓게 될 것이다.

참고문헌

김동민·이칠우(2010). "스마트폰 사용자 인터페이스 기술동향". 《정보과학회지》, 28(5), 15~26쪽.

김형자(2022.8.22). "인간과 침팬지의 언어능력 후두 성대막이 갈랐다". 주간조선. https://weekly.chosun.com/news/articleView.html?idxno=21656

이기영(2024). 《음운론적 특성을 기반으로 인공지능 보컬 음성 합성의 발음 개선 연구》. 상명대학교 대학원 박사학위논문.

이소연(2023.1.20). "결함투성이 인간을 인간답게 만든 건 '음악'". 동아일보. https://www.donga.com/news/Culture/article/all/20230120/117526593/1

홍정수·조선우(2000). 《음악은이》. 음악춘추사.

AI Heroes(2024). "최애 가수 목소리로 노래를 부를 수 있다면? AI 커버로 간단하게 만들기". AI HEROES. https://aiheroes.ai/community/213

Grout, D. J. & Palisca, C.V.(1988). *A history of western music* (4th ed.). W.W. Norton.

Levitin, D.(2022). 《음악인류(*The World in Six Songs: How the Musical Brain Created Human Nature*)》. 이진선 옮김. 와이즈베리.

04
악기 연주하는 AI

의도적으로 소리를 낼 수 있는 모든 물체는 악기로 분류될 수 있으며, 이는 각 시대의 역사적 특징과 문화적 기준에 따라 변모하여 음악을 구성하는 가장 필수적인 요소가 되었다. 따라서 악기는 음악을 창조하는 도구로 문화 현상과 밀접하게 연결되어 우리 주변에 다양하게 존재한다.

청각장애인과 AI?

악기의 진화

인류에게서 악기의 사용은 자신에게 내재된 어떠한 본능에 의한 발견이나 출현으로 유추할 수 있다. 그러한 본능들은 감정과 느낌으로 움직임을 만들었으며, 조절과 표현이라는 일종의 의식에 의한 리듬(Conscious rhythm)으로 구현되었을 것이다. 땅을 차고 구르며, 손뼉을 치고, 신체의 다양한 부분들을 두드리는 감정적 움직임을 외부로 표출하는 것은 악기 등장 이전에 실연 음악(An actual preinstrumental music)의 출현으로 보았다. 농경시대 이전에는 금속이나 기타 가공 기술이 없었기 때문에 그들의 거주 지역에 따라 바위, 나무, 조개껍데기, 동물 뼈나 생선뼈와 같이 단단한 형태의 재료들로 악기를 만들고 연주했을 것으로 추정된다. 그리고 악기는 제의적 기능(Ritual functions)으로 상징적 의미를 지닌 주술적 도구로 사용되었을 것이다(Sachs, 1940).

현존하는 최초의 악기는 독일 남부 지역 아흐(Ach) 계곡의 홀레 펠스(Hohle Fels) 동굴에서 발견된 피리로 최소 3만 5000년 전에 제작된 것으로 추정된다. 악기는 새의 뼈로 만들어졌고 4개의 손가락 구멍과 V자 모양의 취주구 2개가 있다. 주변에서 발견된 다른 유물은 지역적으로 예술적 문화가 존재했을 것으로 보아 음악은 시대적으로 사회적 관계를 폭넓게 유지하고 만드는 중요한 역할을 했을 것이다(황온중, 2009). 악기라는 매체는 발전사적으로 시대 문명의 변화와도 밀접하게 연결되어 있다. 악기는 시대를 거듭하면서 재질과 크기, 그리고 모양의 변화가 발생하였고, 키 작동 원리(Key mechanism)가 개발됨에 따라 명확한 음을 생성할 수 있도록 발전하였다. 전자 악기는 1897년 타데우스 케이힐(Thaddeus Cahill, 1867~1934)이 전자 소리 합성 장치 텔하모니움(Telharmonium)을 등록하게 되면서 시작되었으며, 이후로 급속한 기계 문명의 발전으로 소리를 실험하고 만드는 방식에 관한 연구가 활발하게 이루어졌다(유설로, 2015).

1950년대 컴퓨터의 등장으로 정보의 디지털화가 진행되었다. 컴퓨터를 이용하여 소리를 합성하거나 작곡에 적용하기 시작하였으며, 이듬해 8월 시드니에서 열린 오스트레일리안 컴퓨터 컨퍼런스(Australian Computer Conference)에서 최초로 컴퓨터 음악이 연주되기도 하였다(이희경, 2005; 최수환, 2005). 21세기에 들어 정보통신 기술 발달 및 스마트 기기의 확산은 시공간적 제한을 넘어서 모바일 기반의 가상 악기(스마트 기기를 통해 곡을 연주하거나 창작을 위해 활동을 할 수 있는 응용 소프트웨어)와 애플리케이션이 개발되면서 실물 악기 없이도 음악 연주가 가능해졌다. 이렇게 실물 악기는 전자 악기로 종이 악보는 전자 악보로, 그리고 연주 공간과 많은 인원이 함께하는 큰 규모의 합주는 한 사람의 손안에서 만들어지고 연주되고 있다(양인정, 2020).

4차 산업혁명의 가속화 속에 스마트 기기를 통한 음악 콘텐츠와 소프트웨어 산업의 기술간 융합은 새로운 음향의 시대를 이끌게 되었다(홍경민, 2012). 악기를 개발하는 것은 시대를 대표하는 기술 발전과 매우 밀접한 연관성을 가지며, 이러한 경향은 최근 증강현실을 통한 악기를 경험할 수 있는 단계로 나아가고 있다. 구글은 안드로이드 엑스페리먼츠(Android experiments)를 시작으로 '증강현실 음악 키트(AR Music kit)'를 선보였는데 증강현실 앱으로 인식하고 스마트폰과 종이를 사용해 기타를 만들어 연주할 수 있는 프로젝트다(Nurik & Richard, 2016). 악기는 시대 기술을 반영한 새로운 형태로 발전을 거듭하고 있으며, 단순히 연주하는 것에서 나아가 기술 혁신을 통한 학습자의 교육적 접근으로 더욱 강화되고 있다.

인공지능과 연주하기

1960년대 서양 교육 사조의 영향으로 가창 중심의 음악 활동에 기악 교육이 도입되었으며, 이후 미국에서 공부한 음악 교육학자들의 영향으로 기악(악기 연주하기)은 지금까지도 학교에서 활발한 활동으로 전개되고 있다. 기악 교육은 기술 발전의 결과물인 컴퓨터의 등장으로 다양한 악기 음색을 경험하는 것은 물론 새로운 소리를 합성할 수 있게 되었다(김미숙 외, 2022; 최수환, 2005). 악기를 지도하는 전통적 교육 방식은 코로나19를 겪게 되면서 비대면 수업의 영향으로 대안 악기를 찾기 위한 노력으로 다양한 앱이 개발되었고, 이를 활용하여 학교에서 지도하기 어려운 악기의 음색을 경험할 수 있어 음악 수업에서 효과적으로 사용할 수 있게 되었다. 또한 가상현실(VR) 환경에서 악기를 연주하며 직관적이고 재미있게 악기를 배울 수 있는 교육 시스템도 등장하였는데 바로 제스처 매핑(Gesture mapping)이라는 기술이다. 이는 동작과 소리의 합성을 연결시키는 기술로 악기 연주에서 물리적인 운동 동작으로 소리를 생성해 사용자의 다양한 상호작용 방식을 지원하는 시스템이다. 바이올린을 예로 들면 수구로 고토(Suguru Goto)가 개발한 가상 악기 수퍼폴름(Le SuperPolm)은 연주할 때 활을 사용해서 제스처를 만들어 연주할 수 있는 악기다. 위치와 각도를 측정할 수 있는 센서(Sensor)를 바이올린 모양으로 만들어진 컨트롤러(Controller)에 부착하고 제스처를 적용하면, 컴퓨터 시스템에 알고리즘을 통해 합성된 소리로 변환되는 기술이다(Suguru, 2004). 이러한 동작과 사운드는 악기를 연주할 때 운동 동작과 악기 소리의 관계가 제어와 반응의 결과로서 온라인 악기 강의를 더욱 실감나게 연주할 수 있다. 그리고 컴퓨터로 분석된 학습자의 연주 상황에 대해 교수자의 즉각적인 피드백 및 개선점을 명확히 제공해 준다는 점에서 학생들에게 새로운 학습 경험을 제공해 줄 수 있을 것이다(김진현, 2004).

인공지능 프로그램이 탑재된 안드로이드의 '리얼 피아노(Real piano)'는 피아노 초보자를 위한 학습용 앱으로 혼자 연습이 가능하도록 숫자로 표시되어 있으며, 8가지 악기를 선택하고 연주 및 녹음도 가능하다. 타악기 앱인 '셰이커(Shakers)'는 흔들어서 소리 내는 10여 종의 악기로 소리 낼 수 있는 앱으로 스마트 기기를 잡고 실제로 흔드는 방식과 화면을 터치하여 연주할 수 있다. 또 다른 '리얼퍼커션(Real percussion)' 타악기 앱은 다양한 리듬을 만들 수 있으며, 15가지 루프(펑크, 컨트리, 재즈, 팝 등)를 제공한다. 가락 악기 연주 앱인 '오카리나(Ocarina)'는 미국의 스뮬(Smule)사가 제작한 앱으로 오카리나를 연주하고 녹음한 것을 전 세계의 이용자들과 공유할 수 있는 기능도 가지고 있다. 코드를 연습할 수 있는 앱인 '코디파이(Chordify)'는 기타, 우쿨렐레, 피아노, 만도린의 코드를 연습하여 악기를 배울 수 있는 프로그램이다. 안드로이드 기반의 국악기 음색을 표현할 수 있는 앱도 개발되어 전통 악기에 관한 관심과 악기를 경험할 수 있는 프로그램이 사용되고 있다. 이렇듯 실물 악기가 아닌 가상 악기의 특징은 물리적 대상체에서 비물리적 공간과 속성의 소프트웨어로 변화했다는 점이며, 연주자들 간의 정보와 데이터를 디지털로 변환시켜 소통의 공간이 확장되었다는 것이다. 코디파이 프로그램을 사용하여 우쿨렐레 코드 반주를 학습하는 수업 방법은 다음과 같다.

1. 설정된 학습 목표에 맞게 우쿨렐레 선택하고 학습자의 사전 경험과 지식 수준을 점검한다.
2. 선생님이나 친구와 같이 주변에 협력자를 찾아 도움을 받는다. 수업에 활용할 코디파이 프로그램을 선택하고 사용 방법에 대한 지도를 받는다.
3. 효율적인 수업이 진행될 수 있는 장소(교실, 음악실, 컴퓨터실 등)를 결정하고, 코디파이 프로그램에 접속하고 탐색

한다.

4. 자신이 학습할 간단한 악곡을 선정하고 연습을 시작한다.

5. 연주 악곡, 연습 시간, 연주 실력 향상 정도를 파악하고 목표를 수정하거나 연습 과정에 대한 피드백을 협력자로부터 받고 난 후 수정하여 연습을 지속한다.

6. 목표의 수행 여부를 판단하고 종합적으로 개선할 점을 찾아 차후 전략을 수정한다(윤관기, 2025).

기존의 기악 학습은 악기를 구매한 다음 연주 자세와 방법을 익혀 음표를 반복적으로 학습하는 방식이었지만, 인공지능 기술이 적용된 가상 악기를 구현하는 기기의 등장으로 학습자는 다양한 기능에서 선택하여 쉽게 연주할 수 있게 되었다(양인정, 2020). 미래 기술의 발전은 새로운 악기와 음색, 그리고 연주 방법의 변화와 개발로 이어질 수 있으며, 교육에 적용하기 위한 노력은 음악을 지도하는 교사들의 지속적인 관심과 노력으로 이어져야 될 것이다.

참고문헌

김미숙 외(2022). 《음악 교육학 개론》. 어가.
김진현(2004). "음악, 제스처, 인터액션 컴퓨터 시스템을 매개로 한

도작과 사운드의 인터액션에서 표현성에 대한 연구". 《에밀레》, 3, 35~58쪽.
양인정(2020). "스마트 기기의 가상악기 애플리케이션과 음악향유의 변화". 《문화와융합》, 42(7), 71~100쪽.
유설로(2015). 《컴퓨터음악의 심미》. 숭실대학교 박사학위논문.
윤관기(2025). "기계학습(Machine learning)이 적용된 음악플랫폼(Chordify)을 통한 기악지도 방법: 자기주도학습을 중심으로". 《음악교육연구》, 54(1), 215~235쪽.
이희경(2005). "새로운 '소리'를 찾아서: 바레즈를 통해 본 20세기 음악의 경계들". 《낭만음악》, 17(4), 153~193쪽.
최수환(2005). "컴퓨터음악 언어의 역사". 《에밀레》, 4, 105~119쪽.
홍경민(2012). "애플 PI(Product Identity) 디자인을 통한 신개념 전자악기 디자인 개발 연구". 《한국디자인문화학회지》, 18(3), 653~668쪽.
황온중(2009.6.29). "3만5000년 전 인류 최초 악기 나왔다". 세계일보. https://www.segye.com/newsView/20090628002660
Nurik, R. & Richard, T.(2016). "2016 안드로이드 엑스페리먼츠 I/O 챌린지에 초대합니다!". https://korea.googleblog.com/2016/03/2016-Android-Experiments-IO-Challenge.html
Sachs, C.(1940). *The history of musical instruments.* W. W. Norton & company, inc.
Suguru, G. & Takahiko, S.(2004). The case study of application of advanced gesture interface and mapping interface: Vitual musical instrument "Le SuperPolm" and gesture controller "BodySuit". *Conference on New Interface for Musical Expression*, pp.207~208.

05

음악 들려주는 AI

소리를 기록하고 저장하는 축음기에서 디지털 플레이어까지 120년이 걸렸지만, 음성을 인식하고 골라서 들려주는 기술은 이제 막 시작 단계다. 과거 음악을 매개로 청중과 소통했던 음유 시인처럼, 인공지능은 음악 큐레이터로서 새로운 서비스를 제공할 것이다.

AI 콘텐츠 크리에이터?

음악 감상하는 인류

서양 예술 음악사는 그리스도교의 교회 음악과 그 출발을 같이했다고 볼 수 있다. 고대 음악은 기나긴 역사를 거치는 동안 음악적인 완성도를 더해 갔으며 신화, 천문학, 예술, 그리고 도덕적 측면에서 강조됐다. 즉 음악은 인간의 성격과 행동에 밀접한 영향을 줄 수 있기에 올바른 음악을 들어야만 바른 인간성을 가진다고 보았다(Grout & Palisca, 1988). 음악적 본성은 인간이 가진 가장 기본적 본질에 해당되며, 음악을 감상하고 체험하는 것은 심미적 가치를 이해할 수 있는 가장 기초적인 활동이다. 또한 음악을 이해하는 것은 감상에 있어 인지적 과정과 해석적 과정이 함께 이루어지는 것으로 음악이 가진 미적 특성을 음미하는 과정으로도 볼 수 있다. 때문에 자신이 좋아하는 음악을 찾아 감상하는 행위 자체가 음악을 감상자의 생활 영역으로 가져오는 것이기에 집중하고 이해하며 다양한 반응으로 연결될 수 있는 것이다.

음악이 생산되고 소비되는 과정은 작곡가에서 연주자로, 그리고 감상자로 이어지는 일련의 흐름 속에 마음에 남겨진 음악적 잔상을 통해 비로소 음악을 이해한다고 본다(이석원, 2013). 음악을 듣는 행위는 수동적 수신의 형태이지만, 경청은 감상자의 주의 집중은 물론 능동적 활동을 이끈다. 음악을 듣는 것은 악보로 보는 것과는 다른 중요한 교육적 결과를 가져온다. 음악을 이해하기 위해 감상과 함께 신체를 움직이는 활동을 병행하는 것이 필요하며, 경청하는 빈도가 증가할수록 음악 내적 이해도가 증가하는 오디에이션(Audiation, 음악을 듣거나 연주하지 않고 머릿속으로 음악을 사고하고 상상하는 능력)을 통해 음악에 대한 인지 능력을 키울 수 있다(장근주 · 고승희, 2013). 이처럼 듣는 것보다는 경청의 자세로 음악을 대할 때 음악 능력은 계발될 수 있으며, 다양한 음악을 감상했던 경험은 내재적 저장소를 통해 우리에게 상당한 지적 소양을 채울 수 있게 해 준다.

음악에 감응하여 몸을 느끼거나 아름다움에 끌려 나타나는 다양한 인간의 반응은 개인적이며 주관적이다. 흔히 심미적 체험을 통한 음악 교육의 당위성을 이야기하지만 용어 자체가 광범위한 개념이므로 하나로 정의하여 이야기하긴 어려울 것이다(Hallam, 1998). 하지만 음악은 인간의 생태나 생리, 기분과 행동에 지적 자극을 불러일으키므로 경청하고 분석하며 학습하는 것은 지적 자극과 의욕을 불러일으킬 수 있는 매우 중요한 음악 활동이다.

음악 감상 매체의 변화

중세 시대 전문적인 직업 음악가들은 한 사람씩 또는 여럿이 작은 무리를 지어 노래나 연주 또는 곡예를 하며 방랑을 하였다. 이들은 노래를 기계적으로 암기하여 배웠으며, 자신만의 창의적이고 고유한 방법으로 불렀다. 노랫말은 기사와 궁중의 사랑 이야기이거나 정치적이거나 윤리적 주제, 토론이나 논쟁과 같이 다양하였으며 음악과 시를 결합하여 대중에게 감정을 표현하는 중요한 매체였다. 훗날 이들은 '음유 시인'이라는 직업인다운 전통과 기술을 가지고 대중 앞에서 노래 부르고 춤추며 당시의 노래를 유행시키는 역할을 하였다(Grout & Palisca, 1988). 어쩌면 지금의 아이돌이나 예능인(entertainer)으로서 음악을 단순한 유희나 오락이 아닌 하나의 문화로서 전파하고 정보를 담아 전달하는 매개체로서의 역할을 통해 음악 감상의 기초를 마련했다고 볼 수 있다.

역사의 흐름 속에 과학기술 발전은 축음기, LP(Long playing)판, 카세트테이프(Cassette tape, 일명 워크맨), CD(Compact disc), MP3(MPEG-1 Audio layer-3)와 같이 음원 저장 매체의 개발로 이어졌다. 이후 등장한 스마트폰은 음악을 귀로 듣는 것에서 보고 듣는 형태로 바꾸어 놓았으며, 음악 산업은 유무선 인터넷과 시청각 매체에 맞는 스트리밍 방식으로 정착해 가고 있다. 음원 재생 인공지능 기술은 2018년부터 아마존의 에코(Echo), 구글의 구글홈(Googlehome), 그리고 애플의 홈팟(Home Pod)이라는 인공지능 스피커가 개발되어 스마트폰과 연결할 수 있게 함으로써 음반 산업 과정에 혁신적 변화를 이끌었다. 인공지능 스피커는 음성 인식 및 사물인터넷(Internet of Things) 기술이 결합된 첨단 제품으로 내 · 외부 환경 조정은 물론 고급화된 데이터를 제공하는 플랫폼 역할로서 소비자의 니즈(needs)를 해결해 주고 있다.

국 · 내외 음원 스트리밍 플랫폼도 개인 맞춤형 선곡 도구를 제공하는 기술로 다양한 기업들이 경쟁을 벌이고 있다. 국내 기업인 멜론은 인공지능 기반 개인과 맞춤 서비스(음악 취향, 날씨 기반 음악 추천, 운동할 때 자동 음악 재상 등)로 고객 취향에 맞는 음악을 추천하는 방식으로 운영하고 있다. 드림어스컴퍼니(Dreamus company)의 '플로(FLO)'와 지니뮤직(Genie music)의 '리라(Lira)'는 기존 서비스에 더해 사용자의 구체적인 상황과 원하는 무드를 통한 플레이리스트를 제공받거나, 사용자의 위치와 날씨 등 감정 기반의 음악을 추천해 주어 사용자의 만족도를 높이는 방향으로 개발되어 앞으로 출시되는 새로운 음악 플랫폼에 거는 기대가 매우 크다(윤영주, 2021; 이주영, 2023; 임미나, 2024).

국외 기업으로는 유튜브 뮤직(YouTube music), 애플뮤직(Apple music), 그리고 스포티파이(Spotify)가 있으며, 그중에서 스포티파이는 오픈AI 기반의 '인공지능 디제이(AI DJ)' 기능을 출시하였는데 마치 인공지능이 라디오 디제이와 같은 역할을 수행하여 청취자의 패턴을 정교하게 분석해 준다. 그리고 방대한 음원 데이터를 검색하여 부드러운 음성으로 곡과 곡명에 대한 기본적 소개와 함께 청취자가 과거에 들었던 곡과 비슷한 새롭게 좋아할 만한 곡을 추천해 준다(여현덕 · 신다혜, 2021). 이렇게 인공지능 음원 플랫폼들은 방대한 음악 데이터베이스와 개인 맞춤형 추천 기능을 갖추고 있어 음악 감상에 활용할 수 있는 가능성이 충분하며 학생들로 하여금 감상에 흥미를 느낄 수 있게 해 주고, 시간과 장소에 구애받지 않고 감상을 생활화할 수 있다는 점에서 효과적인 교육 경험을 제공할 수 있을 것이다.

바른 자세로 감상하기

소리가 귀로 전달되기까지의 과정은 매우 정교한 시스템으로 이루어져 있다. 그렇기 때문에 감상 능력을 함양하기 위해서는 특정 시간뿐만 아니라 일상에서 음악에 노출시키는 것이 중요하며, 전문적 훈련을 통하지 않더라도 같은 작품을 연속적으로 감상했을 때 음악에 대한 이해도는 더 높아 진다. 감상을 한다는 것은 미적 지각과 반응의 상호 작용이며, 비언어적 듣기 행동을 위한 사고의 과정이기 때문에 학생들은 지적이고 식별 있는, 그리고 음악성을 포함한 감상자가 되도록 지도해야 한다(박은실, 2001). 무엇보다 음악을 경청하는 자세를 길러 주는 것이 중요하며, 감상 행위를 함에 있어 외부적 영향을 최소화하기 위함이다. 보드만(Boardman, 1926~2009)은 감상 자세에 대해 '인지적 몰입'을 통해 단순히 감상하는 것이 아니라 몰입하고, 참여하고, 이해하는 의미로 '묘사(Describe)'를 제안하였다. 다시 말해, 음악을 바른 자세로 감상함으로써 음악에 대해 집중하고 주의를 기울여 들었을 때 음악을 구성하고 있는 요소와 음악에 녹아 있는 함축적 의미를 이해한다는 것이다(석문주, 1999). 또한 감상 수업은 청각적 인식이 중요하다. 음악을 들으면서 감상곡에 포함된 음악 요소를 탐색하고 자유롭게 표현하거나, 특징을 발견할 수 있는 능력을 기르기 위해 다양한 활동을 계획할 수 있다. 인공지능을 감상 수업에 활용하는 경우라면 대화형 인공지능인 챗지피티와 스포티파이의 인공지능 디제이를 사용한 플립러닝 수업으로 다음과 같이 진행할 수 있을 것이다.

1. 사전 온라인 학습(개인별 선호하는 장르와 아티스트 탐색, 인공지능 음원 플랫폼에 대한 개인 의견 등)을 통해 스포티파이의 'AI DJ' 사용법을 익히고 자신이 좋아하는 음악을 감상한다.
2. 음원 플랫폼의 주요 기능(맞춤형 추천, 플레이리스트 생성 등)을 파악한다.
3. 태블릿 PC로 플레이리스트를 생성하고 감상한 다음 느낀 점이나 인상 깊은 점을 자유롭게 이야기한다.
4. 음악 감상 가이드 북(활용 팁, 추천리스트, 다양한 효과 설정 등)을 제작한다.
5. 수업 후 감상 계획과 인공지능을 활용하여 감상 활동을 진행한 전체적인 의견을 공유한다.

인공지능 음원 플랫폼을 적용한 수업은 학생들로 하여금 음악 감수성을 키울 수 있으며, 감상 후에 자신의 의견을 공유함으로써 인공지능이 추천해 주는 음악에 대해 비판적 사고력을 기를 수 있을 것이다. 나아가 인공지능의 기술적 이해와 윤리에 대한 관심을 증대시키며 스스로 음악을 탐색하는 전체적인 학습 경험은 자기주도적 학습 능력을 함양할 수 있도록 도와줄 것이다.

참고문헌

박은실(2001). "리머와 엘리엇의 음악 교육철학 비교: 리머의 A philosophy of music education과 엘리엇의 music matters를 중심으로". 《음악 교육연구》, 20, 53~73쪽.

석문주(1999). 《교실에서의 음악 감상》. 교육과학사.

여현덕·신다혜(2021). "음원 스트리밍 플랫폼의 '인공지능 트랜스포메이션(AIT)' 사례 연구: 멜론과 스포티파이의 AI(인공지능) 기반의 고객 경험(CX)을 중심으로". 《글로벌문화콘텐츠》, 46, 181~202쪽.

윤영주(2021.11.20). "지금 내 감정과 잘 어울리는 노래는… AI 추천 음악으로 힐링". AI TIMES. https://www.aitimes.com/news/articleView.html?idxno=141511

이석원(2013). 《음악인지과학》. 심설당.

이주영(2023.11.13). "드림어스컴퍼니, '플로'에 AI음악 추천 탑재한다". AI 타임스. https://www.aitimes.com/news/articleView.html?idxno=155116

임미나(2024.4.15). "취향 맞춰 음악 골라주는 해설까지… 'AI DJ' 음원플랫폼서 확대". 연합뉴스. https://www.yna.co.kr/view/AKR20240415005700075

장근주·고승희(2013). "오디에이션 학습이 음악인지능력과 음악수업 흥미도에 미치는 영향". 《음악교육연구》, 42(2), 143~159쪽.

Grout, D. J. & Palisca, C. V.(1988). *A history of Western*

music(4th ed). W.W. Norton.
Hallam, S.(1998). *Instrumental Teaching: A practical guide to better teaching and learning.* Heinemann.

06
음악 만드는 AI

인간만이 사고하고 예술을 창작할 수 있다고 믿었던 시대를 넘어, 이제 인공지능의 고유한 창작 권리를 인정해야 할지에 대한 심오한 논의가 시작되었다. 인공지능이 과연 우리에게 자신의 음악성을 어떻게 드러내 보일지, 기대와 숙고에 주목하게 된다.

AI와 민주주의?

음들의 하모니

음악은 여러 음이 모여 만들어진 하나의 유기체로서 '음들의 합'이라 할 수 있다. 이 음들은 음계를 이루고 방향성을 지니며, 리듬이 더해지면서 더욱 역동성을 가지게 된다. 이렇게 만들어진 음악이 그 의미를 전달하기 위해서는 작곡가, 연주자, 감상자라는 필수적인 주체들이 필요하다. 그중에서 작곡가는 '악보라는 규약을 통해 연주자의 자율적 행동 영역을 통제하는 역할을 맡은 사람(Campbell & Heller, 1981. p.7)'으로 정의되기도 한다(이석원, 2013). 이는 음악 창작의 역사가 바로 음악의 역사라고 할 정도로 음악을 만드는 과정은 예술미를 추구하는 매우 창의적인 활동에 속하기 때문에 작곡가들은 오랜 시간 음악의 흐름을 주도해 왔다고 볼 수 있다.

우리가 익히 알고 있는 위대한 작곡가들은 매우 어린 나이에 뛰어난 재능을 보였으며, 작곡은 물론 악기 연주와 즉흥 연주 실력까지 겸하고 있었다. 모차르트(Mozart), 하이든(Haydn), 멘델스존(Mendelssohn), 브리튼(Britten)은 모두 신동에 가까운 작곡과 연주 능력을 보이기도 하였다(Hargreaves, 1986). 이렇게 음악적으로 특별한 능력을 가진 사람들 말고 일반적인 사람이 음악을 만드는 방법은 많은 이론적 작업이 우선될 수밖에

없다. 왜냐하면 음악을 창작하기 위해서는 화성법, 대위법, 형식론, 관현악법에 대한 학습이 필요하며 음악성, 시대적인 상황이나 현상, 개인 삶에 대한 경험 등이 추가로 필요하기 때문이다. 영감을 얻어 빠르게 창작하거나 논리적으로 음악 이론을 치밀하게 설계하여 끊임없이 수정 작업하며 완성하는 작곡가들처럼 서로 다른 작업이지만 때론 고통스럽기도 때론 즐겁게 음악을 창작한다(홍정수 · 오희숙, 1999).

예술 영역은 인공지능의 출현으로 커다란 지각 변동을 맞이할 것이라는 위기설이 떠돌았고, 실제로도 많은 영역에서 인공지능의 예술 활동으로 놀라운 작품들이 만들어지고 있다(이장혁, 2016). 물론 아직까지 인간의 창작과 다르게 모방 수준에 머물고 있지만, 급격한 기술 발전이 이루어지면 인공지능은 자신의 의식(Conscious)을 만들어 이를 바탕으로 사고와 판단도 가능해 질 것으로 예측된다(김전희 · 김진엽, 2020). 음악은 작곡 영역에서 인공지능의 영향을 가장 많이 받고 있다. 흔히 인공지능이 창작한 음악을 어디까지 인정해 주어야 하는 문제로 학계의 논의가 이어지고 있지만, 실제적으로 인공지능은 작곡 시간을 빠르게 단축시켜 주기 때문에 작곡가들에게는 새로운 돌파구가 되고 있다. 2021년 SBS에서 방송된 〈세기의 대결 AI vs 인간〉 편에서는 트로트 작곡을 두고 인간과 인공지능의 대결을 다루어 대중의 흥미를 불러일으켰다. 이봄(EvoM, 2016년 광주과학기술원 AI 대학원 안창옥 교수가 제작한 인공지능)은 화성학과 대위법 같은 음악 이론을 학습하였으며, 대중이 선호하는 음악 샘플을 듣고 속성을 분석한 후 몇 십초 만에 트로트 곡을 창작하였다. 이후 이봄이 작곡한 곡으로 신인 가수가 데뷔를 하는 사례를 통해 작곡가들은 인공지능과의 협업에서 그 기대와 가능성을 보았으며 이를 통해 새로운 창작의 시대를 만들어 갈 수 있을 것이다(이수민, 2023).

기능 습득을 넘어 창작의 시대로

음악 시간은 학생들의 실생활에서 필요한 가창, 기악, 창작, 감상이라는 활동을 통해 음악적 소양을 기르고 있다. 그중에서 창작 활동은 음악을 전공하는 입장이 아니라면 쉽게 익힐 수 없기 때문에 음악과 교육과정 안에 학생들이 상상력과 창의력을 발휘하여 개성 있게 표현하도록 규정하고 있다. 음악을 만드는 활동은 창의성 함양과 깊은 연관이 있기에 음악적 개념을 이해하는 것을 우선 목표로 하며, 음악의 구조와 원리가 가장 기본적인 핵심 아이디어다. 학생들은 자신의 느낌과 상상을 다양하게 탐구하여 즉흥적으로 표현하거나 바꾸어 보기, 모방하기와 같은 간단한 수준에서부터 디지털 매체를 활용하여 음악을 만드는 과정은 음악을 전문적으로 학습하지 않은 누구나에게 음악을 향유할 수 있도록 가능성을 확대시키고 있다(교육부, 2022).

음악 창작 활동에서 비교적 접근하기 용이한 인공지능 프로그램은 크롬 뮤직랩(Chrome music lab)으로 음악 요소와 개념을 쉽게 이해하고 적용할 수 있다. 구글(Google)에서 개발한 크롬 뮤직랩은 직관적이고 다채로운 색감을 통해 학생들이 전문적인 음악 지식이나 작곡 방법 없이도 음악을 만들 수 있다. 총 14개 프로그램으로 구성되었으며 그중에서 송 메이커(Song Maker), 리듬(Rhythm), 그리고 칸딘스키(Kandinsky)같은 프로그램들이 음악 수업에서 많이 활용되고 있다. 구글은 요한 제바스티안 바흐(Johan Sebastian Bach)를 기념하며 인공지능 기반의 '두들(Doodle)' 프로그램을 만들었는데, 이는 학습자가 2마디 가락을 창작하면 머신러닝이 적용된 인공지능 프로그램이 바흐의 작곡 스타일로 조화롭게 바꿔준다(윤관기, 2021). 또한 인공지능 실험(AI Experiments)이란 사이트에서도 다양한 융합 프로그램을 소개하고 있다. 그중에서 예술과 문화 실험(Arts & Culture Experiments)에 보조 멜로디(Assisted Melody) 프로그램은 바흐, 모차르트, 베토벤의 음악을 경험할 수 있게 해 주며, 두들과 같은 방식으로 가상 악보에 4마디의 가락을 만들고 실행하면 각각의 작곡가의 기법에 맞는 클래식 음악을 즉흥적으로 만들어 준다. 그리고 그림과 음악(Paint with music) 프로그램은 그림과 작곡이라는 예술적 표현도 경험하게 해 준다.

2016년 구글은 마젠타(magenta)를 통해 인공지능 머신러닝이 대중에게 설득력 있는 예술과 음악을 창조할 수 있는지의 여부를 알아보려는 시도를 하였으며, 이 밖에도 소니(Sony)의 플로 머신(Flow Machine), 룩셈부르크의 아이바 테크놀로지스(AIVA Technologies)에서 만든 아이바(AIVA, 프랑스 음악저작권협회로부터 세계 최초 가상 작곡가로 인정)와 같은 생성형 인공지능(Artificial Intelligence Generator)이 출시되면서 음악 재생을 넘어 작곡, 편곡, 연주까지 창작 영역에 대한 기대감을 형성하고 있다. 인공지능은 시간의 흐름에 따라 기술적 분류 개념을 달리하고 있으며, 생성형 인공지능의 형태와 종류는 9장에서 자세히 다루도록 하겠다. 가장 보편적으로 사용되고 있는 프로그램은 2023년에 만들어진 수노

AI(Suno AI)다. 수노는 음악적으로 높은 음질과 사용 측면에서 효용성 및 편리성을 가진 프로그램으로 개인의 아이디어나 느낌을 다양한 매체를 활용하여 자기 주도적으로 음악을 창작하도록 하는 중점 수업에 적극 활용되고 있다. 수노 프로그램을 사용한 수업 방법은 다음과 같다.

1. 수노는 발라드(Ballade), 팝(Pop music), 락(Rock music), 재즈(Jazz), 헤비메탈(Heavy metal) 등 가사가 있는 장르의 음악을 만들 수 있다.
2. 세계 음악을 선택하면 유럽의 민요, 아프리카, 인도, 일본, 남미 등 여러 민속 악기를 사용한 음악도 만들 수 있다.
3. 가사는 주제, 의미를 지닌 문장이나 단어, 그리고 구글의 제미나이(Gemini)나 쳇지피티를 이용하여 입력하게 되면 만들 수 있다.
4. 노래를 부를 수 있는 가수의 성별, 음역대, 코러스, 셈여림, 무드, 그리고 느낌과 같은 문장을 입력하여 인공지능이 음악을 파악하는 데 도움을 줄 수 있다.
5. 가사에 태그(메타태그 [Intro], [Chorus])를 입력하여 음악을 만들 수 있다.
6. 음악 양식은 악기 선택, 장르 구별, 박자 선택, 원하는 무

드에 해당하는 단어나 문장을 입력하여 음악을 생성할 수 있다.

7.노래뿐만 아니라 기악 음악도 생성 가능하며 기악(Instrumental)을 선택하고 악기 종류, 음악 양식, 기악곡의 분위기, 기능이나 다양한 문화권에 해당하는 지역을 문장으로 기술하면 음악을 만들 수 있다(양종모, 2024).

음악과 교육과정에는 생활과 주변의 소리를 모방하거나, 장면 모방, 그리고 상황이나 이야기를 활용하여 음악을 창작하는 과정이 제시되어 있다(교육부, 2022). 소리를 상상하고 이를 물체, 악기, 신체, 목소리로 모방하는 활동부터 이야기 소재로 음악적 아이디어를 이끌어 낼 수 있도록 하는 수업도 계획할 수 있다. 인공지능 분야에서 목소리를 합성하거나 음악을 작곡하는 기술 발전은 많은 관심을 받아왔지만 주변의 소리(키보드 치는 소리, 숨소리, 냉장고 소음, 연필로 글을 쓰는 소리 등)를 생성하는 인공지능 프로그램은 높은 기술 난이도로 인해 개발이 더딘 편이다. 음향 공학자들이 만든 '가우디오(Gaudio) 랩'은 인공지능으로 음원 분리 기술을 보유한 것으로 데이터의 음원을 분리하거나 제거를 할 수 있는 프로그램이다. 가우디오의 '폴리(Fall-e)' 기술은 텍스트를 넘어 영상이나 그림 같은 이미지를 입력하여 음원을 자동으로 생성할 수 있는 프로그램이다(김철현, 2023). 가령 프롬프트로 '번잡하고 덜컹거리는 도심의 열차'를 입력하면 실제 소리라고 할 정도로의 리얼한 소리를 생성해 주는 멀티모달 AI(Multi modal, 시각, 청각을 비롯한 여러 인터페이스 정보를 주고받는 것으로 다양한 채널의 모달리티를 동시에 받아들여 학습하고 사고하는 인공지능) 기술이 활용되고 있다(장세민, 2024). 우선 만들고 싶은 소리를 텍스트로 입력하고, 소리를 재생한 후 만들어진 음원을 듣고 확인한다. 수정이 필요한 경우에는 프롬프트를 다시 지정하여 입력하고 음원을 생성할 수 있으며, 이미 생성된 사운드가 저장되어 있는 사운드 클라우드(Soundcloud) 가우디오 폴리의 음색들을 자유롭게 활용할 수 있다.

학교는 ICT 기술을 넘어 더 미래로 가고 있다. 전자 교과서, 전자 칠판, 디지털 교구와 자료, 인공지능을 결합한 수업 활용 방안 등과 같이 전통적 교육 방식에서 빠른 속도로 스마트화되어 가고 있다(이요훈, 2017). 학생 중심으로의 변화, 기술 기반의 유연한 학습 환경, 일방에서 서로에게 피드백이 가능한 교육, 교사의 역할 변화 등은 음악 수업에서도 요구되는 부분이며, 음악 창작이 2022

개정 교육과정에서 하나의 영역으로 분리되어 운영되는 만큼 인공지능의 변화에 빠르게 대응하고 관련된 내용의 적용 및 활용에 거는 기대가 매우 클 것이다.

참고문헌

교육부(2022). "2022 음악과 교육과정". 교육부 고시 제2022-33호 [별책 12].

김전희·김진엽(2020). "인공지능 시대의 예술 창작: 들뢰즈의 예술론을 중심으로". 《예술과 미디어》, 19(2), 81~112쪽.

김철현(2023.4.10). "AI로 세상 모든 소리 만든다… 가우디오랩". 아시아경제. https://cm.asiae.co.kr/article/2023041007564545002

양종모(2024). "AI 음악 생성기 수노(Suno)의 교육적 가치에 대한 예비교사의 인식". 《예술교육연구》, 22(4), 233~254쪽.

윤관기(2021). "인공지능(AI)을 활용한 음악교과 창작수업 지도방안 연구". 《교육연구》, 80, 369~385쪽.

이석원(2013). 《음악인지과학》. 심설당.

이수민(2023.5.17). "A.I.는 예술가들에게 기회인가? 위기인가?". The Move. http://www.ithemove.com/news/articleView.html?idxno=2948

이요훈(2017.5.12). "IT는 교육현장을 어떻게 바꾸고 있나?". YTN사이언스. https://science.ytn.co.kr/program/view.php?mcd=0082&key=201705121626131550

이장혁(2016.6.3). "인터넷 사용자의 수호성인, 아시나요?". Tech Holic.

http://www.techholic.co.kr/news/articleView.html?idxno=42392

장세민(2024.5.26). “[체험기] 나델라가 감탄한 AI생성 효과음, 어디까지 진화했을까”. AI타임스. https://www.aitimes.com/news/articleView.html?idxno=159833

홍정수·오희숙(1999). 《음악미학》. 음악세계.

Campbell, W. & Heller, J.(1981). Psychomusicology and psycholinguistics: Parallel paths or separate ways. *Psychomusicology, 1*(2), pp.3~14.

Hargreaves, D.(1986). *The Developmental Psychology of Music*. Cambridge University Press. 나재용 옮김(2010). 《음악교육을 위한 음악발달심리학》. 교학사.

07
음악 사교육과 AI

사교육은 특권층의 전유물로 부의 상징과 같았으며, 서양 음악사에서도 음악 지식과 기술은 스승이 특정 제자에게만 전승했다는 기록으로 남아 있다. 음악은 인간의 본성에 깊숙이 자리 잡은 요소로서 사교육의 영역을 넘어 모든 학생들에게 필수적인 교과목으로 자리매김해야 할 것이다.

AI와 애니메이션?

음악 조기교육

로마 시대는 부모와 친척 사이에 가정교육 명목으로 가르침이 이루어졌으며, 학교라는 형식의 기관은 존재했지만 많은 비용을 지불해야 했기에 재정적 뒷받침 없이 교육을 받는 것은 쉽지 않았다. 학생들을 가르치기 위해 사립 가정교사가 있었으며 교사의 덕목으로 학식보다 덕이 우선시되었고, 가르치는 일을 명예롭게 여겼으며 이들을 고용하는 것 자체가 부의 능력과 특권의 표시였다(박영희, 2014; Bonner, 1977). 이러한 교육은 근대적인 학교 교육의 형태가 생겨나서도 학교 밖에서 '사교육'이라는 현상으로 명맥을 유지해 왔지만, 사교육은 정상적인 학교 교육을 어렵게 만든다는 다소 부정적 인식과 비판을 받고 있다. 사교육을 부추기는 부모의 교육열은 일종의 한국 사회가 갖는 특징으로 그 사례는 다양하게 나타난다. 단순히 심리적 요인을 넘어 한국사적으로 숭문주의(崇文主義, 문을 무보다 숭상하는 조선시대 사회적 경향), 부모로서의 체면, 신분 상승에 대한 열망, 교육적 동질혼(교육 수준이 높은 배우자를 선택함으로 자녀가 교육 경쟁에서 우위를 점하는 교육열의 형태)이 모여 간접적인 영향력을 미친 것이라고 볼 수 있다(김경근, 2016; 정옥경, 2020; 최재석, 1994). 자녀에 대한 학부모

중심의 높은 교육열은 음악 사교육에서도 강하게 드러난다. 남들에게 잘 보이기 위해서 또래 친구들과 경쟁에서 뒤처지지 않기 위한 학부모의 선택 행위 특성으로 조기 교육과도 밀접한 연관성을 갖게 되면서 학부모의 불안감도 한몫하고 있는 것이다(유지선, 2022).

음악은 조기 교육을 대표할 수 있을 만한 교과로 그 시작은 서양사의 기록에서도 찾아볼 수 있다. 고대 그리스 시대부터 음악은 사람들에게 많은 영향을 주었으며 아폴로(Apollo)나 암피온(Amphion), 오르페우스(Orpheus)와 같은 신들의 이야기를 기술한 부분에서도 음악이 등장할 정도로 음악의 신비함과 신들의 권능에 경배하기 위한 종교 의식에서의 역할도 매우 중요했다. 음악은 개인 지도(Tutor)의 형태로 스승이나 조언자(Mentor)에게 지도받았으며, 길드가 형성되면서 음악가들이 길드에 소속되어 그들의 밑에서 음악을 배우게 되었다. 그러한 역사 속에 음악은 도제 교육 성격을 강하게 띠게 되었으며, 음악 실기 영역은 스승과 제자의 관계가 유지되는 사교육적 성격이 짙게 되었다(Duncan, 2023).

20세기를 넘어서면서 유럽을 중심으로 달크로즈, 코다이, 오르프와 같은 음악 교육학자들에 의해 음악 조기 교육에 대한 중요성이 대두되었다(권덕원 외, 2005). 조기 교육은 보통 3세에서 초등학교 입학 전 단계까지를 말하며 적어도 9세 이전에 음악적 경험을 제공해 주는 것이 좋다(이주연, 2016). 가드너(Gardner, 1943~)는 음악적 잠재 능력이 가장 일찍 발현된다고 보았고, 고든(Gordon, 1927~2015)을 비롯한 많은 음악 능력 발달 학자들도 9세 이전에 음악 적성이 형성되며 환경에 따라 다르지만 그 이후는 음악적 잠재력은 증가되지 않는 것으로 보았다(민경훈 외, 2017; Gardner, 1983; Gordon, 1989). 다만, 너무 어린 나이에 조기 교육 경험이 아동에게 좋은 음악적 기억으로 자리 잡는다는 보장은 없기에 그 효과를 검증할 수 있는 연구들이 필요하며, 공교육의 신뢰 속에 음악에 자신감을 갖고 관심을 가질 수 있도록 함으로써 조기 교육이 성공적 삶을 위한 발판이 될 수 있는 고민이 필요하다.

음악 사교육 시장에서 AI

코로나19 이후 학교에서는 비말 감염의 우려로 음악 활동에 제약이 따랐으며, 음악 사교육 시장은 더 큰 혼란과 어려움을 겪었다. 이를 계기로 기존의 대면 중심 음악 교육 시스템에 대한 근본적 질문과 함께 음악 사교육 시장은 나름의 자구책들을 찾기 위해 고군분투(孤軍奮鬪)하였다. 악기를 가르치는 학원들은 미래 산업과 연계된 투자들이 이루어져 사교육 관련 스타트업체들이 진출을 시작하였다. 비대면 전환에 따른 디지털 기술의 도입으로 새로운 시장이 열렸으며 부모가 발품을 팔아 아이들을 학원에 보냈던 방식에서 벗어나 온·오프라인 플랫폼을 통해 학습자 맞춤형 서비스를 제공받게 되었다(이민하, 2022). 그로 인해 사교육 공간에 대한 혁신과 대면 방식의 학습 다변화, 그리고 온라인 수업 환경의 개선과 비용 절감 측면에서 온라인 사교육의 기회 확대 효과를 이끌 수 있었다(윤경배 외, 2020).

음악 사교육은 이론과 활동 영역으로 구분할 수 있다. 이론은 음악 요소 및 개념을 지도하는 것이며 활동은 악기의 종류에 따라 다르지만 하나의 악기를 집중적으로 지도받는 경우가 된다. 이론 학습은 학원을 운영하는 교사 입장에서 인공지능을 한 사람의 지도 교사로서 역할을 검증하고 적용하는 것은 쉽지 않다. 사교육 현장에서 인공지능 음악 교사를 활용하는 방법으로는 챗지피티(ChatGPT)와 빙 이미지 크리에이터(Bing Image Creator, 텍스트를 이미지로 생성해 주는 프로그램)를 사용하여 워크플로(Workflow, 작업 절차를 통한 정보나 업무의 이동을 의미)에 통합할 수 있다. 인공지능을 활용한 사교육의 예시는 다음과 같다. 첫째, 음악 교육 과정에서 제시하고 있는 음악 요소 및 개념을 기준으로 1년간 학습 활동과 평가 전략을 인공지능 챗지피티를 통해 위계적으로 수업 계획을 구성한다. 둘째, 학생들에게 친근한 음악사적 인물을 설정하고, VR 기기를 활용한 인물과의 직접 대화를 구현한다면 동기 유발 측면에서 흥미 있는 수업을 계획할 수 있다. 셋째, 음악 작품을 감상하고 자신의 생각과 느낌을 목록으로 만들게 한 다음 텍스트 이미지 생성기에 입력하여 이를 시각적으로 표현하는 활동을 구성할 수 있다. 넷째, 인공지능 기술이 적용된 음악 창작 프로그램을 적극 활용하여, 학습한 개념을 적용할 수 있는 기회를 제공함으로써 음악에 대한 자신감을 향상시킬 수 있을 것이다. 마지막으로, 챗지피티를 활용하여 학생들의 학업 내용을 기준으로 평가 문항 제작을 입력하고, 객관식 퀴즈를 만들어서 풀이하는 과정으로 평가를 진행할 수 있다(Bauer, 2023).

인공지능은 개인적으로나 직업적으로 음악을 지도하는 입장에서 그 활용 능력 및 수준에 따라 다르게 적용할 수 있다. 그렇기 때문에 음악 사교육 현장에서도 교사는 음악 플랫폼에 적극적으로 관심을 갖고 이를 적극적으로 활용할 수 있는 역량을 함양할 필요가 있다. 현재 음악 사교육 영역은 전통과 미래의 중간 지점에 접점해 있으며, 비대면 전환으로 대면 레슨을 위한 이동에서 시간적 여유의 형성, 경감된 개인 레슨비, 개인화된 기기와 장비의 발달을 통해 학습에 대한 의욕 증진과 같은 연구 결과들은 음악 사교육의 미래를 대변하는 것처럼 보인다. 지금보다 개선된 스피커 음질, 컴퓨터 화질, 인터넷 환경은 기술 발전의 정도에 따라 충분히 좋아질 수 있는 상황이기에 음악 사교육은 지금보다 더욱 증가하게 될 것으로 전망된다(여희영, 2020).

참고문헌

권덕원 외(2005). 《음악 교육의 기초》. 교육과학사.

김경근(2016). "한국사회 교육열의 동인, 유산, 승화방안에 대한 탐색적 고찰". 《교육학연구》, 54(1), 229~257쪽.

민경훈 외(2017). 《음악 교육학총론》. 학지사.

박영희(2014). "고대 로마의 교사연구". 《교육철학연구》, 36(3), 25~49쪽.

여희영(2020). "초등학생 기악실기 개인레슨의 비대면 실기교육 선호에 관한 연구". 《문화예술교육연구》, 15(5), 103~121쪽.

유지선(2022). "초등학교 음악 사교육 실태 조사 및 경감 방안 탐색". 《모드니 예술》, 19, 33~53쪽.

윤경배 외(2020). 《4차산업혁명의 이해》. 일진사.

이민하(2022.1.29). "유초등 악기레슨 시장 파고든 스타트업… 부모도, 투자자로 홀렸다". 머니투데이.

https://news.mt.co.kr/mtview.php?no=2022012816001516838
이주연(2016). "조기음악 교육 경험의 기간과 질에 따른 음악효능감의 차이". 《음악교육연구》, 45(2), 223~249쪽.
정옥경(2020). "영유아 사교육 연구동향". 《학습자중심교과교육연구》, 20(2), 1329~1351쪽.
최재석(1994). 《한국인의 사회적 성격》. 현음사.
Bauer, W. I.(2023). Make AI your personal music teaching assistant: 4 ideas you can use now!. UF Online Master of Music in Music Education. https://musiceducation.arts.ufl.edu/resources/ai-music-teaching-assistant/
Bonner, S.(1977). *Education in ancient Rome: From the elder cato to the younger pliny.* University of California Press.
Duncan, C.(2023). Private tutors in the ancient world. History, Philosophy & Religion, Hillsdale College. https://onlinecoursesblog.hillsdale.edu/private-tutors-in-the-ancient-world/
Gardner, H.(1983). *Frames of mind.* Basic Books.
Gordon, E.(1989). *Advanced measures of music audiation.* G.I.A.

08
음악 교육자로서 AI

인공지능 기술의 발달로 학교에서 교사가 곧 사라질 것이라는 말은 다른 한편으로 한쪽의 종말을 예고하기보다 서로가 어떻게 상호 보완적인 관계를 구축할 수 있는지로 의견이 모아진다. 이제 우리는 음악 교육의 목적을 달성하기 위해 인공지능과 어떤 관계가 필요한지 협력적 관점에서 음악 교사의 역할에 대해 토론이 필요하다.

AI와 인재 채용?

AI 교사

인류 최초의 교사에 대한 기록은 남아 있지 않지만 양육을 통한 일종의 교육 형태가 모계로부터 이루어졌을 것으로 추측할 수 있다. 직업적 교사라는 제도상의 시스템이 도입되기 전 최초의 스승이라고 할 수 있는 그리스 철학자인 아리스토텔레스(B.C 384~322)와 중국의 공자(B.C 551~479)는 가정교사로서 또는 왕을 가르쳤던 교사로서의 역할에 대한 기록이 존재한다(Hrdy, 1999; Nandy, 2024). 당시 교육의 대상은 주로 왕실과 귀족의 자녀들에 국한되었지만 이들의 사상과 지식을 전달하는 행위는 교육을 공공의 역할로 이끄는 기틀을 마련하였다. 전통적으로 교사는 수업에서 학습을 조력하고 촉진시키며 지식을 널리 전달하는 사람으로 생태학적 관점에서는 학생과의 심리적 관계를 중심으로 보호, 학업 촉진, 상호 보완, 양육, 관리, 그리고 지도라는 역할을 한다(김홍겸 외, 2018; Heck & Williams, 1984). 지금의 교사들은 디지털 네이티브(Digital natives) 세대라고 불리는 초고속 인터넷 환경에서 각종 미디어를 통해 학습하고, 인공지능 기술과 친숙하게 소통하고 참여하여 일을 처리하는 데 익숙한 학생들을 대면하고 있다. 교실에서는 태블릿 PC와 연동된 수업을 하며 실시간 교수자와 SNS로 소통하는 교육 정보는 텍스트와 이미지로 구성된 인터페이스 디자인을 통해 습득하는 디지털 분야에서 계속해서 진화를 거듭하고 있다(정종완 · 최보아, 2013). 다시 말해, 어떻게 교육할 것인가에 대한 교육적 재정립의 필요성에 따라 교사의 역할에 대한 논의도 필요하다는 것을 의미한다(성경환 · 권동택, 2025; 주민재, 2022).

한편, 사회 전반에서 인공지능이 미치는 중요한 영역으로 '교육'을 꼽고 있으며, 미래의 교육 방식에도 큰 변화를 가져올 것에는 대체적으로 이견이 없다(김현진 외, 2020a). 4차 산업혁명의 확산은 학교라는 교육 공간에 교육 정보 기술(EduTech) 활용을 가능하게 만들었으며 이를 코로나19를 통해 본격화시키는 계기가 되었다. 교육에서 인공지능 연구를 꾸준히 해 왔던 인공지능 기술 교육(AIED) 분야는 교육 방법과 환경에 적용하는 '도구로서의 인공지능' 과 직접적인 교육의 내용에 해당 되는 '목적으로서의 인공지능' 연구로 구분된다. 다시 말해, 인공지능은 교육 시스템을 다루는 것(System-facing AI)과 학생들의 학습을 지원하는 것(Student-facing AI), 그리고 교사의 업무를 지원(Teacher-facing AI)하는 3가지로 구분되어 사용될 수 있다. 지원 임무 중에는 학생들의 시험 결과물을 채점하거나 모니터링하는 업무와 같이 인공지능 보조 교사로 수행하는 것 이외에도 학생 개개인의 개별 맞춤 학습(지능적 튜터링 시스템)을 지원하기도 한다(Holmes et al., 2019).

교육 분야에서 인공지능 딥러닝 기술을 적용한 대표적인 프로그램으로는 영국에서 운영 중인 '센추리(Century)' 플랫폼이 있다. 센추리는 개인별 진단 후 최적의 학습 경로를 제공하고, 이를 다시 교사가 확인하는 과정으로 교사와 학생 및 수업에 대한 관리 업무의 자동화를 통한 교사의 업무 경감 효과를 낼 수 있다. 미국에서 운영 중인 '브랜칭 마인드(Branching minds)' 플랫폼은 다량의 콘텐츠를 보유하고 있으며 개별 맞춤형 학습 지원, 교사 문서 작업 간소화, 학생들의 특성을 수집하고 분석하여 개별적 콘텐츠를 제공하기에 앞으로의 교육 환경에서 한 학급에서의 차별화된 교수가 가능할 수 있다는 결과도 선보이고 있다(김현진 외, 2020b; UNESCO, 2019). 인공지능 로봇이 교육에 사용된 사례를 살펴보면, 핀란드와 호주에서 인공지능 로봇 '엘리아스(Elias)'와 '오보봇(OVObot)'을 초등학교에 도입하여 언어와 수학 교육을 돕고 있다(Thomson Reuters Foundation, 2018; 박혜영 외, 2019). 독일 델멘호르스트(Delmenhorst)의 윌름스 고등학교(Willms High School)에서는 인공지능이

조종하는 인간형 로봇(Humanoid)을 교실에서 선보였다. 로봇의 이름은 캡차(Captcha, 컴퓨터와 사람을 구분하는 자동화된 공개 튜링 테스트의 약자)로 수업에 참여한 학생들 중 71%가 긍정적 반응을 보이기도 하였다. 물론 실험적 사례이긴 하지만 교육 분야에 인공지능 로봇의 등장으로 학생들과 상호작용하며 다양한 주제로 토론하고 강의를 진행했다는 점에서 그 가능성을 제시하고 있다(CNN, 2024).

인공지능 기술의 최종 진화로 볼 수 있는 인간형 로봇인 휴머노이드(Humanoid) 기술은 테슬라, 보스턴 다이내믹스, 도요타와 같은 글로벌 기업들이 선두에 있으며 교육 영역으로 도입은 아직은 갈 길이 멀다. 하지만 미래의 교육 현장은 휴머노이드 교사의 등장과 함께 교사와 학생의 역할 변화에 우려와 기대가 함께 나타나고 있어 관련 연구의 필요성이 증가하고 있다.

AI 음악 교사의 역할

정보 통신 기술과 다양한 콘텐츠 도구의 변화는 인공지능 기술과 통합되어 교육 현장에 활용되고 있다. 그중 가장 주목받는 기술은 휴머노이드 로봇으로 인공지능의 영역을 넘어 감정 인식과 표현, 동작을 선보이며 인간의 서비스를 제공하고 있다. 이러한 휴머노이드 로봇은 주로 영어나 외국어를 학습시키거나 수학 문제 풀이 과정을 지원해 주는 목적으로 교육 현장에서 사용되고 있다(권혜성 · 한형종, 2025; Chang et al., 2010; Lin et al., 2014; Tuna et al., 2019). 로봇을 교육에 활동했을 때 학생들과의 상호작용 수행 능력에 대해 그 효과와 기대감이 큰 편으로 지식 전달을 넘어 교사와의 협업을 통한 비판 능력과 사고력 향상과 같은 고차원적 업무 효용성을 높일 수 있도록 많은 연구가 이루어지고 있다(권혜성 · 한형종, 2025). 그러나 교육 현장에 새로운 기술이 적용된 프로그램을 도입하는 것은 교사의 수업 환경이나 내용에 많은 변화가 발생하기 때문에 교사들에게는 매우 부담스러울 수밖에 없을 것이다. 인공지능 플랫폼을 활용한다는 것은 인공지능에게만 맡길 수는 없기 때문에 그저 단순히 수업을 지원하는 형태의 프로그램이 대부분이라 교사의 적극적인 학습 지원이 함께 이루어져야 효과적이다(백승호, 2024).

음악 교과를 지도하는 교사는 사범계 대학에서 관련된 교육과정을 이수하고 교육 공무원 임용 후보자 선정 경쟁 시험을 통해 선발되는 우수한 인재들이다. 초 · 중등 과정에 따라 교육과정은 상이하지만 음악 교사 자격을 수여하는 기준으로 교사는 악기 연주, 반주, 노래, 지휘, 작곡, 기보나 편곡, 창작과 같은 음악적 능력이 요구된다. 이 밖에도 개인적 자질과 전문가로서의 능력을 함양해야지만 훌륭한 교사로서 음악 교과를 지도할 수 있다(Hoffer, 2008). 음악 교사와 인공지능 교사와의 협업은 다른 교과에 비해 많은 부분을 고려해야 한다. 우선 간단히 예를 들어 합창단을 지휘하고 연주를 해야 하는 상황에서 음악 교사와 인공지능 교사의 역할에 대해 살펴보자. 교사는 합창단원들의 노래를 들어야 하고, 분석하고, 평가하고 예견해야 하며 학생들의 목소리를 판단하여 각 성부에 배치하여 조화로운 연주가 이루어지도록 해야 한다. 이 과정에서 인공지능 교사는 전체적 과업을 담당할 수는 없겠지만 학생들에게 전자 악보를 제공하여 정확한 음정으로 노래를 연습할 수 있도록 훈련시킬 수 있으며, 훈련된 음색을 토대로 교사에게 어떤 성부가 적합한지 추천하는 일이 가능할 것이다. 학생들이 악기를 연주하는 기악 수업에서 교사는 연주 자세와 주법을 통해 좋은 소리를 낼 수 있도록 가르칠 수 있으며, 인공지능 교사는 정확한 운지가 가능하도록 손가락의 위치를 교정해 주거나 연주 스케줄을 관리하여 연주에 대한 흥미를 지속적으로 유지하고 동기를 부여해 주는 역할을 할 것이다(Mark, 1992). 다시 말해, 인공지능 교사는 아직까지 합창단이 연주하는 음악을 듣고 감정을 느끼거나 음악적으로는 표현할 수 없지만, 악기를 연주하는 학생들의 자세를 교정해 주거나 기초적인 연습 관리 또는 성부 추천, 실력에 따른 연습곡 소개, 악기 조립과 자세를 알려주는 기초 교육, 그리고 교사나 학생의 스케줄 조정과 같은 보조 교사로서의 업무 협업이 가능할 것이다. 이는 같은 공간에서 음악 교사와 함께 학생들의 음악적 능력 향상을 위해 개인 맞춤형 교육 지원이나 연습 자료 제공, 그리고 학생들을 평가하고 관리하는 역할은 물론 협력적 관계를 통한 수업 자료 개발 및 학습 데이터 제공을 통해 학생들에게는 흥미로운 음악 수업을 안내할 수 있다. 그리고 음악 교사에게는 업무 효율성을 높여주는 관계로서의 인공지능 교사의 역할이 기대된다.

참고문헌

권혜성·한형종(2025). "예비교사가 인식한 휴머노이드 로봇의 교육적 활용에 대한 질적 연구". 《문화기술의 융합》, 11(1), 93~104쪽.

김현진 외(2020a). "AI시대 대비 국가수준 교육과정 운영 지원 방안 연구"(발간등록번호 11-1342000-000585-01). 교육부.

김현진 외(2020b). "학교교육에서 AI 활용에 대한 교사의 인식".

《한국교육공학회》, 36(3), 905~930쪽.

김홍겸 외(2018). "미래교육에서의 인간 교사와 인공지능 교사의 상호보완적 관계에 대한 소고". 《교육문화연구》, 24(6), 189~207쪽.

박혜영 외(2019). "우리나라 미래 초·중등학교 교육평가 방향 탐색". 《교육과정평가연구》, 22(3), 147~171쪽.

백승호(2024.4.18). "AI 디지털 교육의 핵심은 교사". 한국교육신문. https://www.hangyo.com/news/article.html?no=101422

성경환·권동택(2025). "디지털 네이티브 세대 예비 초등교사의 교직생활에 관한 질문 특성 분석". 《학습자중심교과교육연구》, 25(9), 833~844쪽.

정종완·최보아(2013). "디지털 네이티브를 위한 스마트 교육콘텐츠 방향성 연구". 《한국과학예술과포럼》, 13, 373~383쪽.

주민재(2022). "'디지털 네이티브' 개념 재정립의 필요성 고찰": '모바일 네이티브' 개념과 특성을 중심으로". 《한국문예비평연구》, 75, 213~253쪽.

Chang, C. W. et al.(2010). Exploring the possibility of using humanoid robots as instructional tools for teaching a second language in primary school. *Journal of Educational Technology & Society, 13*(2), pp.13~24.

CNN(2024.12.21). This robot taught a lesson in Germany. Hear what students though. CNN Businesss. https://edition.cnn.com/2024/12/20/business/video/ai-robot-captcha-germany-ldn-digvid

Heck, S. F. & Williams, C. R.(1984). *The complex roles of the teachers*. 황기우 옮김(1998). 《21세기 교사의 역할》. 원미사.

Hoffer, C. R.(2008). 《음악교사론(*Teaching Music in the Secondary Schools*. Wadsworth Publishing)》. 안미자 옮김. 이화여자대학교출판부.

Holmes, W. et al.(2019). Artificial intelligence in education: Promises and implications for teaching and learning. *The Center for Curriculum Redesign.*

Hrdy, S. B.(1999). *Mother nature: A history of mothers, infants, and natural selection.* Pantheon.

Lin, P. et al.(2014). *Robot ethics: The ethical and social implications of robotics.* MIT Press.

Mark, M. L.(1992). 《현대의 음악 교육(*Contemporary music education*)》. 이홍수 외 옮김. 세광음악출판사..

Nandy, R.(2024.9.5). Teachers' day 2024: Who was the world's first teacher?. News18. https://www.news18.com/education-career/teachers-day-2024-who-was-the-worlds-first-teacher-9039628.html

Thomson Reuters Foundation(2018.3.27). Finland schools are testing out robot teachers. New York Post. https://nypost.com/2018/03/27/finland-schools-are-testing-out-robot-teachers/

Tuna, G. et al.(2019). A survey on the use of humanoid robots in primary education: Prospects, research challenges and future research directions. *Cypriot Journal of Educational Science, 14*(3), pp.361~373.

UNESCO(2019.3.4). Century, an AI-powered teaching and learning platform. https://www.unesco.org/en/articles/century-ai-powered-teaching-and-learning-platform

09

음악 교육과 생성형 AI

과거부터 음악은 창의적 사고를 바탕으로 내면의 아이디어를 구체화하는 복잡한 과정을 거쳐야 비로소 완성되었다. 생성형 인공지능이 인간과 공존할 것인지 음악 생태계에 부정적 영향을 미칠지는 아직은 불확실하지만, 학생들에게 새로운 영감을 제공하고 창의적이며 효율적인 음악 실습의 기회를 확대해 줄 것이라는 점은 분명하다.

AI와 기자?

음악 생성형 AI

클래식 작품이 만들어지는 과정은 시대에 따라 다양하지만 그들의 공통점은 영감과 아이디어에서 출발한다. 자연과 예술에서 또는 아름다운 문학 작품이나 미술 작품에서 영감을 얻거나 때로는 개인적인 경험과 감정을 통해 음악을 만들게 된다. 그렇게 아이디어들은 화성학과 대위법이라는 음악 이론을 바탕으로 작곡가의 영역 안에 생성된다. 그리고 악기를 결정하고 적절한 편성을 통해 음색을 분배하며, 당시 유행했던 시대적 양식이나 작곡가만의 특징을 더한 음악 구조를 완성한다. 작곡가는 자신의 머릿속에서 울리는 음악을 수없이 상상하고, 부족하거나 넘치는 부분을 수정하여 마침내 하나의 음악 작품을 탄생시킨다. 그러나 현대에 이르러 작곡 영역이 점차로 어려워졌다는 인식이 확산되면서, 음악을 작곡하거나 창작하는 행위는 별도로 전문 교육을 받아야만 가능하다는 생각에 많은 사람들이 도전을 꺼리고 있다(진규영, 2025).

기술 발전의 영향으로 인공지능 서비스가 상용화되고 전문적인 교육을 받지 않은 비전문가들도 음악을 만들 수 있게 되면서, 창작자의 의도대로 완성도 있는 작곡을 위한 인공지능 기술력은 점점 더 발전하고 있다. 컴퓨터에 의해 작곡된 최초의 음악은 레자넨 힐러(Lejaren Hiller, 1924~1994)와 레너드 아이작슨(Leonard Issacson, 1925~2018)에 의해 만들어진 현악 4중주의 '일리악 조곡(Illiac suite)'이다. 이후 기계 학습 작곡 연구가 활발히 진행되면서 구글의 마젠타 프로젝트(Google Magenta Project), IT 전문 매체 테크크런치(TechCrunch)가 주최한 경연대회에서 우승한 주크덱(Jukedeck), 비즈니스 모델 통합 서비스인 아이바(AIVA), 기업형 콘텐츠 크리에이터를 위한 앰퍼 뮤직(Amper Music), 음악 자동 작곡 시스템인 멜로믹스(Melomics), 국내 기업의 이봄으로 알려진 뮤시아(MusiA)까지 도전과 노력들이 끊임없이 이루어졌다(오희숙 외, 2022).

생성형 인공지능은 딥러닝 모델을 거쳐 음악을 작곡하지만 대부분은 작곡가가 작품을 작곡할 때 그 과정의 일부를 지원하는 목적으로 활용되고 있다(박다해, 2022). 무엇보다 생성형 인공지능이 음악을 창작하는 방법은 일반인들이 쉽게 접근할 수 있을 정도로 대중화되었다. 특히 음악 플랫폼에 일반인이나 음악 비전문가의 접근이 가능하다는 장점은 음악을 창작하는 행위 자체에 참여도를 높일 수 있는 수단으로 활용되고 있다. 이후 스트리밍 플랫폼들이 생성 음악을 빠르게 도입하면서, 오픈AI의 주크

박스(Jukebox)나 데이비드 게타(David Guetta)의 AI 보컬과 같이 AI를 활용한 대중 공연이 제작 및 시도되고 있다(Goodfellow et al., 2014; Hinton & Salakhutdinov, 2006; Hochreiter & Schmidhuber, 1997).

작곡가들이 생성형 인공지능 기술에 기반을 두고 창작하는 일종의 툴을 'AI 음향 강화 도구(AI Audio Enhancer)'라고 하며, 머신러닝을 기반으로 배경 소음을 제거하여 몰입감 넘치는 사운드를 제공한다. 인공지능 생성기는 기존의 곡 분석, 이론 기반 새로운 아이디어 제안, 음원 편집 및 음질 향상 자동화 기능들을 가지고 있다. 또한 음악 생성, 맞춤형 음악 목록 제작 및 추천, 편집 기능을 통한 믹싱 트랙 작업 등 작곡가의 창작 활동을 다방면으로 지원하고 있다(박휴용, 2024). 이렇듯 첨단 기술은 음반 시장의 흐름을 바꾸어 놓았으며 저작권 및 인간의 창의적 영역의 침해 주장에 대해 대안이 적극적으로 필요한 상황이다. 그러나 새로운 기술의 도입으로 인공지능을 외면하기 힘든 상황에서 관련된 문제 해결을 위한 노력과 음악 창작 환경에 대한 변화의 필요성은 지속적인 관심으로 이어질 필요가 있다.

음악 수업에서 생성형 AI의 활용

인공지능은 챗지피티를 기점으로 거대 언어 모델(LLM)을 사용하는 프롬프트(Prompt) 기반 예술 창작 활동이 추세를 이루고 있다. 이를 선도하는 기업들은 오픈AI, 엔비디아(NVIDIA), 구글, 어도비(Adobe), 그리고 아이비엠(IBM) 등으로 매우 빠른 기술 도약을 보이고 있다. 인간이 할 수 있는 수많은 지적 작업 수행이 가능해졌으며, 소프트웨어가 반드시 교육받거나 개발되지 않은 작업을 수행할 수 있는 인공 일반 지능(Artificial General Intelligence) 개발로 또 한 번의 혁신을 가져올 것으로 예상된다(박다해, 2024; 이진원, 2023; 임재완, 2024).

음악 창작 생성형 인공지능은 2가지 형태가 있다. 우선 제너레이터(Generator) 형은 필터를 통해 장르, 음악 요소, 빠르기, 감정을 선택하여 수정하는 과정으로 새로운 음악을 생성하는 것으로 앰퍼 뮤직(Amper music), 사운드풀(Soundful), 사운드로(Soundraw), 부미(Boomy), 라우들리(Loudly), 웨이브툴(Wavtool), 그리고 아마데우스 코드(Amadeus code)와 같은 프로그램이 있다. 다른 하나는 프롬프트(Prompt)에 기반을 둔 형태로 2023년 5월 구글에서 최초로 공개한 뮤직 LM (MusicLM), 메타(전, 페이스북)의 뮤직젠(MusicGEN), 스테빌리티(Stability

AI) 스테이블 오디오(Stable Audio), 마이크로소프트 코파일럿(Microsoft Copilot)의 수노 AI(Suno AI), 그리고 리퓨전(Riffusion)과 뮤버트(Mubett)가 있다(박은비, 2024; 윤관기, 2024). 우선 제네레이터(Generator) 방식은 원하는 장르나 범주를 맞춤 제작할 수 있으며, 장르, 분위기, 악기, 빠르기 등과 같은 옵션을 작곡가에게 제공한다. 그리고 제작된 샘플을 듣고 자신이 구상하는 음악과 유사한 것을 골라서 협업을 진행하는 형태로 초반에 많이 사용되었지만 음악의 세부적 요소가 고려되지 못하다는 한계를 가지고 있다. 프롬프트(Prompt) 방식은 사용자가 원하는 내용을 메시지로 작성하는 것으로 대규모 언어 모델을 기반으로 한다. 학습자는 글쓰기, 그림과 같이 직관적이고 음악적 지식이 없어도 음악을 쉽게 만들 수 있으며, 생성된 음악을 중심으로 장르, 악기, 코드와 같은 표현도 수정이 가능하기에 음악적 완성도가 높은 편이다. 그래서 비전문가 또는 처음 음악 창작 활동을 경험하는 학생들도 자신의 음악성을 기반으로 작곡을 할 수 있다(박은비, 2024). 프롬프트 기반 거대 언어 모델은 뛰어난 성능을 보이고 있지만 인공지능 발전 흐름에서 다양한 데이터(텍스트, 이미지, 오디오, 센서 데이터 등) 유형을 효과적으로 처리하고 통합할 수 있는 멀티모달(Multimodal)의 전환은 인공지능 기술을 더욱 가속화시키고 있다. 텍스트로는 분석되기 어려운 학습자의 감정 상태와 기분, 그리고 생체 신호를 분석하여 상황적 맥락을 반영한 음악 제공은 학습자의 의도를 정확하게 파악할 뿐만 아니라 음악에 반영할 수 있다는 점에서 기존 방식의 한계를 넘어 학습자의 참여도를 높일 수 있을 것이다(신미르 · 신유현, 2024; 장소영 · 이재호, 2025; 조혜민 · 우한균, 2025). 음악은 창작자의 정체성을 반영해 왔으며 그 결과물은 작품의 질을 결정하는 중요한 요인으로 여겨져 왔다. 따라서 작곡가의 역량과 작품의 가치는 동일시되는 경향이 있다. 이러한 일련의 창작 과정은 아동의 정서 및 신체 발달에 중요한 가치를 지니며, 음악 교육에서도 필수적인 활동으로 인식되고 있다(McKinnon, 2005).

음악 수업에서 인공지능 활용의 효율성에 대한 관심이 높아짐에 따라, 그 활용에 대한 명확한 의미 규정이 필요하다. 우선 인공지능 알고리즘에 기반을 둔 분석과 기술 평가가 가능해짐에 따라 음악 수업 시간에 학생 개별 평가가 가능하며, 음악 수업 관련 소프트웨어 개발 및 도입은 수업의 질적 향상과 교사 지도의 효율성을 향상시킬 수 있다. 그리고 학생들에게 음악 창작 과정에서 아이디어를 제공하고, 다양한 음악적 요소를 조합하여 새로운 곡을 만드는 데 도움을 주는 역할뿐만 아니라 음악에 대한 접근성까지 확대해 준다. 나아가 학습자의 음악 감정 표현 및 심리적 상태를 촉진하거나 예측할 수 있는 알고리즘을 통해 학습 심리를 진단 및 파악하여 맞춤 음악 치료 및 감정 완화에 효율적으로 적용해 볼 수 있을 것이다. 다만, 지나치게 쉬운 음악 제작 과정은 학생의 창의성 저하를 야기할 수 있으며, 상호 연계성이 중요한 음악 교과의 특성상 학생 간 협력의 의미가 퇴색될 우려가 있다. 따라서 인공지능의 역할을 고려한 신중한 수업 설계가 필요할 것이다.

참고문헌

박다해(2022). "인공지능 작곡 프로그램을 활용한 음악 콘텐츠 제작 연구". 《트랜스-》, 13, 35~58쪽.

박다해(2024). "OpenAI 저작도구를 활용한 음악 수업 서례 연구: Prompt 기반의 생성형 AI 저작도구 중심으로". 《미래음악 교육연구》, 9(1), 55~81쪽.

박은비(2024). "AI 음악생성기(Music Generator)의 음악작품 분석 및 음악 교육적 시사점 고찰". 《음악교육연구》, 53(1), 75~100쪽.

박휴용(2024). "생성형 AI의 등장과 음악 창작 환경의 변화". 《미래음악 교육연구》, 9(1), 83~114쪽.

신미르·신유현(2024). "적은 양의 음성 및 텍스트 데이터를 활용한 멀티 모달 기반의 효율적인 감정 분류 기법". 《정보처리학회 논문지》, 13(4), 174~180쪽.
오희숙 외(2022). 《음악에서의 AI와 포스트휴머니즘 미학》. 모노폴리.
윤관기(2024). "생성형 AI인 'Text to Music'을 집단탐구모형에 적용한 음악 창작지도 설계 방안". 《음악교육연구》, 53(1), 143~164쪽.
이진원(2023). "AI가 스스로 설명하는 '생성형 AI'와 '인공일반지능'". 《포브스 코리아》, 70~72쪽.
임재완(2024.4.17). "인공 일반 지능(AGI)이란? 개념, 적용 기술, 그리고 인간 삶에 미칠 영향". 삼성SDS. https://www.samsungsds.com/kr/insights/artificial_general_intelligence_20240417.html
장소영·이재호(2025). "감정 분류와 의미 유사도 기반의 멀티모달 음악 추천 학습 방법론". 《제어로봇시스템학회 논문지》, 31(7), 825~832쪽.
조혜민·우한균(2025). "멀티모달 AI의 과업-기술 적합성과 지속 사용 의도". 《기술혁신학회지》, 28(1), 75~99쪽.
진규영(2025.1.7). "'작곡가의 방'에 오세요". K-Classic News. https://kclassicnews.com/news/article.html?no=174126
Goodfellow, I. et al.(2014). Generative adversarial nets. *Advances in neural information processing systems*, pp.2672~2680.
Hinton, G. E. & Salakhutdinov, R. R.(2006). Reducing the dimensionality of data with neural networks. *Science, 313*(5876), pp.504~507.
Hochreiter, S. & Schmidhuber, J.(1997). Long short-term memory. *Neural computation, 9*(8), pp.1735~1780.
McKinnon, I.(2005). Children's music journey: The development of an interactive software solution for early childhood music

education. *Computers in Entertainment, 3*(4), pp.1~10.

10
음악 교육에서 AI의 역할

미래 예측은 방대한 데이터 분석을 기반으로 하는 학문 영역이다. 인공지능 도입에 따른 음악 교육의 미래는 예측 가능한 영역과 불가능한 영역으로 구분할 수 있지만, 음악 교육은 전인적 인간 성장의 핵심으로 인간의 삶의 질을 높이는 역할에는 변함없을 것이다.

AI와 미래 의사?

교실에서 AI 교사와 함께

디지털 기술 발달로 교육 영역을 비롯한 학교 현장은 많은 변화가 예상된다. 전통적 사회 규범에 따라 직접 대면하여 소통하기보다 매체나 가상공간에서 개방적으로 참여하며 점차로 온·오프라인 혼합형 수업으로의 전환에 더 익숙해질 것이다. 교사는 수업과 학급을 경영하며 생활 교육(생활 지도였으나 권위적 의미를 담고 있어 완화된 표현을 사용)이라는 전통적 역할을 담당해 왔다. 그러나 디지털 기술과 인공지능 교사의 학내 도입에 따라 교과 지식 전달의 주도적 역할보다 학습 정보 과정을 선택·조직·관리, 학생의 멘토, 학습자와 상호작용 과정을 실시간으로 기록 및 조정, 그리고 최종 점검을 통해 학업 성취 활동을 관리하는 일을 하게 될 것이다(이윤미 외, 2022; 홍선주 외, 2017).

학교에서는 교사 한 명에게 요구하는 역할이 보다 다양해지기 때문에 온라인으로 기술 구현이 가능한 가상 교사(Virtual teacher, 온라인 수업을 전문으로 가르치는 교사)를 통해 교실 관리, 강의 진행, 숙제 채점 및 시험 감독 등의 업무를 담당하게 하거나, 인간형 로봇 교사(Humanoid robot teacher, 인간의 신체 모습과 움직임을 모방하여 설계된 교사)를 통해 학생들과 상호작용 및 감정 인식과 같은 업무가 이루어질 것이다(이보람 외, 2022; 정미경 외, 2017). 이러한 기술 발전은 교육의 최전선에 있는 교사의 역할에 많은 변화를 가져올 것이며, 단순하고 반복적인 업무에서 벗어나 교육 연구에 더욱 매진할 수 있게 될 것이다.

인공지능 연구는 인간의 지적 능력을 모방하여 인간 삶의 개선을 목적으로 개발되고 있다. 그 기술의 최종 진화 형태는 결국 인간을 닮은 로봇 개발에 있으며 휴머노이드 로봇은 미래 기술의 핵심으로 발전할 것이다. 교육 영역에서 인간을 대체하려는 휴머노이드 기술은 교육에서의 로봇(robotics in education)과 교육을 위한 로봇(robotics for education)으로 분류된다(신나민 · 김상아, 2007). 전자는 로봇의 개념과 특성을 교과목으로 구성하여 로봇에 대한 교육을 실시하는 것이며, 후자의 경우는 로봇을 교구 또는 도구로서 활용하며 교사와 상호작용을 통한 학습을 수행하는 것이다(서영민 · 이영준, 2010; 한정혜 · 김동호, 2006; 한형종, 2025). 휴머노이드는 감정 인식과 표현, 상황에 따른 비언어적 표현 방식(손, 얼굴, 몸 등)을 통한 인지적, 사회적, 행동적 상호작용이 가능하다. 음성을 인식하고 학습자에 맞는 수업 활동이 가능하며 환경 변화나 감정에 전혀 영향을 받지 않기 때문에 일관된 학습 피드백이 가능하다. 실제 교사들과 학습자 사이의 관계에서 오는 피로감과 좌절을 겪지 않아 교육 영역에서 일관적으로 활용될 수 있을 것으로 예상된다(이수정 외, 2013; Crompton et al., 2018; Tuna et al., 2019).

교사와 휴머노이드 로봇의 교육적 활용에 관한 연구들은 로봇이 가진 신뢰성(trustworthiness), 적응성(adaptiveness), 사회적 실재감(social presence), 그리고 인간 유사 형태(appearance)라는 측면에서 중요한 요소로 보고 있으며, 교수적 도구로서의 활용 가능성을 탐색하고 교육적 목적을 달성할 수 있는지의 연관성을 살펴보고 있다. 이처럼 인공지능 기반의 인간형 로봇은 교육 도구로서 교사와의 협력적 관계성이 중심이 되며, 각자에게 상호적 보완 관계의 역할도 수행될 것으로 보인다(김홍겸 외, 2018).

현재 기술로는 분명한 한계를 가지고 있지만 휴머노이드 로봇은 우선 학습 도구로서 활용될 가능성이 높으며 타 교과목에서처럼 음악 과목을 보조해 주는 역할로서 음악 개념 학습을 점검하거나 가창에 필요한 악기 반주를 제공하며, 창작이나 작곡 활동에서 학생들을 도와 음악성과 창의성을 계발하도록 돕는 역할을 기대할 수 있다(김영애 외, 2014; 한형종, 2025). 그러나 휴머노이드 로봇과의 교실 협력 및 협업의 영역은 교사들로 하여금 더 많은 인지적 부담을 주게 될 수 있으며, 로봇을 활용한다는 측면에서 교사에게 총체적 역량이 우선되어야 하므로 연수 및 교육과정의 적극적인 개선도 반드시 뒤따라야 할 과제일 것이다.

음악 교육에서 AI의 전망

인류는 혁명적인 기술 발전을 거듭하며 그 고비마다 새로운 문명을 받아들이고 나름의 질서로 재정립해 온 것처럼 음악 또한 이러한 흐름에 맞추어 변화를 거듭해 왔다. 음악사에 큰 영향을 미친 기술 발전과 그에 따른 변화는 다음과 같다. 첫째, 금속 가공 기술의 발전으로 다양한 악기의 발명과 제작을 가능하게 하여 음악의 표현력을 풍부하게 만들었다. 둘째, 전기 기술 발전은 음악 재생 매체 발명으로 음악 감상 방식을 혁신적으로 변화시켰다. 셋째, 디지털 기술의 발전은 컴퓨터와 인터넷의 도입으로 음악 창작 영역을 확장하고, 온라인 유통을 가능하게 만들었다(송성수, 2017). 그리고 이제 4차 산업혁명은 인공지능 기술이 음악에 가져올 새로운 변화를 다음과 같이 예고하고 있다. 첫째, 개인화된 음악 학습

플랫폼의 등장을 시작으로 미래의 인공지능이 자연스럽게 음악 수업에 적용된 형태는 학생들의 음악적 취향과 학습 스타일, 그리고 연주 능력 등을 분석하고 맞춤형으로 제안을 해 줄 수 있을 것이다. 둘째, 인공지능 알고리즘 방식은 학생들이 관심 있는 음악을 추천해 주거나, 개별적으로 연습이 필요한 경우 수준에 맞는 과제를 제시해 줌으로써 음악에 할애하는 시간을 절약하며, 연습을 수월하게 만들어 줄 것이다. 셋째, 학생들은 효율적인 피드백을 제공받음으로써 학습 효과도 극대화 될 수 있을 것이다. 넷째, 발전된 멀티모달 인공지능 기술로 창작 및 작곡, 편곡이 수월하며, 학생의 아이디어가 쉽게 구현될 수 있는 음악 수업이 이루어질 것이다. 마지막으로, 3차원과 가상공간처럼 실감형 수업으로 음악 환경 및 콘텐츠가 더욱 발전함에 따라 가상의 악기를 사용하여 음악 수업에 몰입감을 제공할 수 있게 될 것이다.

인공지능 교사의 도입으로 음악 교사는 자신의 수업 방향 및 교육 전략을 수립하는 데 많은 도움을 받게 될 것이다. 하지만 교실에서 발생할 수 있는 다양한 상황별 유연한 대처가 필요하거나 전인적 성장에 필요한 윤리적 상황에서 여전히 해결해야할 문제들이 많다. 예술 교과인 음악은 인간 교사와 휴머노이드 교사 간 상호 보완적인 관계 형성이 중요하며, 교구적 활용 측면에서 휴머노이드 교사에게 제공받은 데이터를 개개인의 학생들에게 알맞게 제공하여 잠재적 역량을 발달시키는 역할이 이루어져야 할 것이다. 인간과 인공지능 로봇은 시기상의 문제일 뿐 이제는 불가분(不可分)의 관계로서 인공지능 기술이 적용된 음악 교육은 지금보다 학생에게 더 가까이, 그리고 음악 교과에서 깊숙이 활용될 것이며 음악 교육 철학적 고민과 사회적 현상 사이에서 미래의 음악 교육은 개인화되고 창의적인 아이디어가 넘치는 방향으로 발전해 나갈 것이다.

참고문헌

김영애 외(2014). "휴머노이드 로봇 활용 교육에 대한 인식: 초등학교 학생 및 교사를 대상으로". 《로봇학회 논문지》, 9(3), 185~195쪽.

김홍겸 외(2018). "미래교육에서의 인간 교사와 인공지능 교사의 상호보완적 관계에 대한 소고". 《교육문화연구》, 24(6), 189~207쪽.

서영민·이영준(2010). "초등정보영재의 창의성 신장을 위한 교과 통합 로봇 프로그래밍 수업 모형". 《컴퓨터교육학회 논문지》, 13(1), 19~26쪽.

송성수(2017). "산업혁명의 역사적 전개와 4차 산업혁명론의 위상". 《과학기술학연구》, 17(2), 5~40쪽.

신나민·김상아(2007). "로봇과 학습의 관계 맺기: 초중고등학생의 관점에서". 《교육정보미디어연구》, 13(3), 79~99쪽.
이보람 외(2022). "인간형 인공지능 로봇 활용에 대한 유아교사의 인식과 요구 분석". 《The Korean Journal of the Human Development》, 29(3), 181~210쪽.
이수정 외(2013). "교사보조로봇 활용성에 대한 유아교사의 경험 및 요구 분석: 의사소통중재 프로그램 개발을 위한 기초 연구". 《유아특수교육연구》, 13(2), 71~90쪽.
이윤미 외(2022). "미래 사회변화에 따른 교사역할에 대한 초중등학교 교사의 인식". 《교육학연구》, 60(6), 399~428쪽.
정미경 외(2017). "교육개혁 전망과 과제 (II): 초·중등교육 영역". 한국교육과정평가원(연구보고 RR2017-01).
한정혜·김동호(2006). "교사 보조 로봇의 교육적 활용". 《정보교육학회논문지》, 10(1), 155~162쪽.
한형종(2025). "교육 운영에서의 휴머노이드 로봇 활용에 대한 초등교사 인식 탐색". 《문화기술의 융합》, 11(5), 239~250쪽.
홍선주 외(2017). "지능정보사회의 교사 역할 및 역량탐색". 한국교육과정평가원(연구보고 RRI 2017-2).
Crompton, H. et al.(2018). Humanoid robots supporting children's learning in an early childhood setting. *British Journal of Education Technology, 49*(5), pp.911~927.
Tuna, G. et al.(2019). A Survey on the use of humanoid robots in primary education: Prospects challenges and future research directions. *Cypriot Journal of Educational Science, 14*(3), pp.361~373.

윤관기

광주교육대학교 음악 교육과 부교수로 재직하고 있으며 미국 애리조나주립대학교(ASU)에서 박사학위를 받았다. 한국음악교육학회 및 다수 음악 교육학회 이사로 재직하고 있으며 음악 교육의 발전을 위해 활동하고 있다. 주요 저서로 《학교, 뮤지컬을 만나다》(2017, 공저), 《음악 교육학 개론》(2022, 공저), 《배우며 가르치는 초등음악 교육》(2022, 공저), 《특수학교음악 교수·학습 방법의 실제》(2023, 공저), 《초등학교 5~6학년 특수교육 음악교과서》(2019), 《중·고등학교 특수교육 음악교과서》(2025), ㈜아이스크림미디어 《초등학교 3~4학년 음악교과서》(2025, 공저), 《초등학교 5~6학년 음악교과서》(2025, 공저) 등이 있다. 연구물로는 "인공지능을 활용한 음악교과 창작수업 지도방안"(2021), "생성형 AI인(Text to Music)을 집단탐구모형에 적용한 음악 창작지도 설계 방안"(2024), "기계학습(Machine Learning)이 적용된 음악플랫폼(Chordify)을 통한 기악지도 방법 연구: 자기주도학습을 중심으로(2025)" 등을 KCI, SCOPUS 등 등재학술지에 게재했다.